Klemens-August Recker

Streitfall Berning

Klemens-August Recker

STREITFALL BERNING

Bischof in Kaiserreich, Demokratie
und NS-Diktatur
1914–1955

Aschendorff
Verlag

2014

www.aschendorff-buchverlag.de

Printed in Germany 2014
Gedruckt auf säurefreiem, alterungsbeständigem Papier ♾
ISBN 978-3-402-13082-7

INHALT

Vorwort

Vielfach von Gläubigen und Menschen guten Willens aufgefordert, stellt der Verfasser zum 100. Jubiläum der Bischofsweihe am 29. September 2014 in dem vorliegenden Buch Bischof Wilhelm Berning der Öffentlichkeit vor. Grundlage sind die Forschungen des Autors aus dem Jahre 1998. Dies geschieht nun nicht in einer neuen Forschungsarbeit, sondern in der Weise gewissermaßen eines lexikalischen Vorgehens. Wesentliche Problemstellungen aus den bisherigen Diskussionen um den Bischof dienen als Orientierungsmarken. Geordnet ist die Darstellung nach den politischen Zeiträumen vom Kaiserreich bis zur frühen Bundesrepublik, in denen Berning öffentlich und als Bischof gewirkt hat.

Diese Vorgehensweise bietet dem Leser einen schnellen und zuverlässigen Überblick über die Tätigkeit des Bischofs. Die Beiträge können unabhängig voneinander gelesen werden und lassen zugleich Raum für die Auseinandersetzung. Es ist ein Werk, das sich auch an alle Menschen richtet, die mehr über das Verhältnis von katholischer Kirche und NS-Staat erfahren wollen.

Aus Gründen einer besseren Lesbarkeit wird der Fußnotenapparat nicht mitgeliefert. Für denjenigen, der sich genauer mit den wissenschaftlichen Belegen befassen will, bietet sich der Rückgriff auf die Veröffentlichungen des Verfassers an. Sie sind im Literaturverzeichnis dieser Arbeit angegeben. In einigen Kapiteln dieses Buches werden neue, bislang unbekannte Forschungsergebnisse vorgestellt. Sie beziehen sich auf die Kaiserzeit und auf die Nachkriegszeit. Grundlage dieser Forschungen sind Bestände des Bistumsarchivs Osnabrück (BA-OS). Diese seien hier kurz genannt: BAOS Z19/1/5/1914, Kirchliches Amtsblatt Osnabrück 1914 bis 1919, BAOS 02-01 Bischofskonferenz,

BAOS 04-41 Besatzungsmacht, BAOS 06 Vertriebenenseelsorge, BAOS 07 Schul- und Bildungswesen.

Danken möchte ich allen, die dazu beigetragen haben, dass das Buch erscheinen konnte, insbesondere der Leiterin der Diözesanbibliothek Osnabrück Frau Gisela Birke, den Mitarbeiterinnen und Mitarbeitern des Diözesanarchivs Osnabrück und ihrem Leiter Herrn Dr. Georg Wilhelm sowie dem Museumsdirektor Herrn Dr. Hermann Queckenstedt.

Im September 2014

Klemens-August Recker

I. Der junge Bischof in Kaiserreich und Weimarer Republik

„Wieso wurde Bischof Berning denn Priester, wenn er so gut in der Schule war?“ – die Frage einer 12-jährigen im Jahre 1993, als der Autor mit einer Gruppe von Jugendlichen in der Marienkapelle des Domes den Heranwachsenden eine Einführung in die Reihe der Bischöfe von Osnabrück nach 1856 gab. Wir waren mitten im Problem. Das Mädchen kennzeichnete unbeabsichtigt ihre eigene Zeit und forderte daher umso mehr zur Begründung der Priesterberufung heraus. Sie verstand nicht, dass der Priesterberuf erstrebenswert sein könnte. Ansehen, beruflicher Erfolg sahen für sie anders aus: Naturwissenschaftler, Karriere, hoher Verwaltungsbeamter – all das war erstrebenswert, aber Priester! Es war eine andere Zeit. Der Priesterberuf war in der Jugendzeit Bernings sehr angesehen. In den Familien gab es ein reges religiöses Leben. Kirche und Religion waren ein ganz natürliches Lebenselixier. Es durchdrang das gesamte Zusammensein und das Leben des einzelnen Familienmitgliedes.

1. Herkunft, Bildungsgang und Wirken als Priester

Hermann Wilhelm Berning wurde als drittes von fünf Kindern des Tischlermeisters Johann Bernard Berning und seiner Ehefrau Elisabeth-Caroline, geb. Rosemeyer, am 26. März 1877 in Lingen geboren. Er wuchs nicht wie sein späterer Nachbarbischof von Galen aus Münster in einem gräflichen Haushalt auf, sondern war Kind „kleiner Leute“. Der Vater starb, als Wilhelm vier Jahre alt war. Die Mutter prägte den Jungen im katholischen Glauben und vermittelte ihm in ihrer Person ein Frauen-

Abb. 1: Eltern von Hermann Wilhelm Berning

bild, das Bernings Einstellungen zeit seines Lebens beeinflussen sollte. Der Bischof hebt in seinen „Erinnerungen" besonders hervor, dass die Mutter jedes Angebot einer neuen Heirat ablehnte, um sich nur den Kindern zu widmen. „Sie ersetzte", so der Bischof, „den Kindern auch den Vater und wusste in der Erziehung mütterliche Liebe und väterliche Autorität in glücklicher Weise zu verbinden."

Unter Anleitung seines Vetters Wilhelm Berning bereitete sich der kleine Wilhelm durch das Erlernen der lateinischen Sprache auf den Besuch des Gymnasiums vor. Nach Absolvierung der vierten Volksschulklasse wurde er im Jahre 1887 in die Klasse 6 des Gymnasium Georgianum in Lingen aufgenommen. Dort erhielt er eine altsprachlich-humanistische Bildung. Über die Höhere Schule in Lingen sagt der Bischof in seinen „Erinnerungen", dass sie zwar „simultan" gewesen sei, aber „in

Abb. 2: Mutter, Schwägerin, Kinder mit dem jungen Wilhelm (o.re.)

Wirklichkeit evangelisch". Von den Lehrern sei nur einer katholisch gewesen, obwohl die Schüler zur Hälfte dieser Konfession angehört hätten. In den ersten Jahren habe man als katholischer Schüler auch in die evangelische Morgenandacht gehen müssen. Die Schulbücher seien, so Berning, evangelisch gewesen. Ansonsten aber lobte er den toleranten Geist dieser Schule. Bernings spätere Offenheit gegenüber den evangelischen Christen hat wohl hier ihre wesentliche Grundlage. Insbesondere interessierten ihn die alten Sprachen, Geschichte und Mathematik. Vier Jahre hindurch erhielt er Unterricht im Fach Hebräisch. Ostern 1895 bestand er mit einem weit überdurchschnittlichen Zeugnis die Reifeprüfung.

In den folgenden Jahren studierte er in Münster und Breslau Philosophie, Theologie und Geschichte. Über das Hebräische kam er in Berührung mit orientalischen Sprachen und studierte

Abb. 3: Wilhelm als Student

Arabisch, Syrisch, Armenisch und Koptisch. Zudem belegte er ein Kolleg über den Kommentar des Beidhawi zum Koran. Der bekannte Sozialwissenschaftler Prof. Dr. Hitze führte ihn in die Grundsätze der katholischen Soziallehre ein. Berning brachte also für seine spätere Tätigkeit als Priester nicht nur eine fundierte theoretisch-theologische Vorbildung mit, sondern hatte auch einen Blick für praktische Fragestellungen in gesellschaftlicher Hinsicht. Die Fächerbelegung, insbesondere was die Sozialwissenschaften anging, zeigt zudem, dass er schon sehr früh gesellschaftlichen und politischen Fragen gegenüber offen war. Die Tätigkeit als Geistlicher hatte nach seinem Verständnis mit den tatsächlichen Problemen der Menschen zu tun, die ihrerseits wiederum in gesellschaftliche Prozesse eingebunden waren. Sein Hauptaugenmerk aber galt zunächst der Theologie. In der Freizeit widmete er sich unter anderem der KV-Studentenverbindung Germania und engagierte sich im Vinzenz- und

im Bonifatiusverein. Mit 21 Jahren hatte er alle Studien der vorgeschriebenen Regelstudienzeit beendet. Da er noch zu jung für den Eintritt ins Priesterseminar und insbesondere für die dann vorgesehenen Weihen war, nutzte er die Gelegenheit zu ersten Forschungen über sein späteres Promotionsthema. Zu Beginn des Sommersemesters 1899 wurde er in das Priesterseminar in Osnabrück aufgenommen und am 10. März 1900 im Alter von fast 24 Jahren zum Priester geweiht. Da Berning das 24. Lebensjahr aber noch nicht vollendet hatte, war eine päpstliche Erlaubnis erforderlich. Wilhelm Berning war also ein kluger Mann, hoch gebildet und übertraf viele seiner Zeitgenossen und späteren Kritiker an Einsicht und Intellekt.
Als erste Stelle seiner beruflichen Tätigkeit bekleidete er das Amt des Erziehers im karolingischen Konvikt in Osnabrück. Diese Tätigkeit übte er von 1900 bis 1901 aus. Dazu berichtet der Bischof selbst: „Dadurch wurde die Seelsorge an der studierenden Jugend meine erste Aufgabe als Priester. Die Liebe zur Jugend ergriff und erfüllte mich ganz. Dieser Liebe habe ich gedient als Religionslehrer für die Jugend bis zu meiner Bischofsweihe, und diese Liebe hat mich auch als Bischof nie verlassen. Es war mir immer eine besondere Freude, bei den Firmungsreisen die Katechesen mit den Kindern zu halten." Daneben unterrichtete er als Religionslehrer am Realgymnasium in Osnabrück. Allerdings war er nur ein Jahr in der Hasestadt in diesen Funktionen tätig. Er nutzte diese Gelegenheit, seine Studien aus der Zeit der wissenschaftlichen Ausbildung zu vervollständigen. Am 14. März 1901 wurde Berning mit der Arbeit „Die Einsetzung der heiligen Eucharistie in ihrer ursprünglichen Form, nach den Berichten des Neuen Testaments kritisch untersucht. Ein Beitrag zur Erforschung der Evangelien und des Urchristentums." mit dem Prädikat „egregia cum laude" – dem heutigen „summa cum laude" – zum Doktor der Theologie in Münster promoviert. Seine Dissertation wurde von der Kritik allgemein als „sehr tüchtige Leistung" anerkannt. Deswegen stand er 1909 mit auf der Vorschlagsliste für den Nachfolger des Professors Augustinus Bludau an der theologischen Fakultät in Münster. Dieser war inzwischen Bischof von Ermland geworden.

Nach Bestehen des Oberlehrerexamens in den Fächern Religion, Hebräisch, philosophischer Propädeutik und Geschichte (Mittelstufe) wurde Berning im Jahre 1901 Religions- und Oberlehrer am Königlichen Gymnasium Meppen. Die notwendige Hausarbeit schrieb er über den „Skeptizismus des Michel de Montaigne". Das Amt des Gymnasiallehrers hatte er bis zu seiner Wahl zum Bischof von Osnabrück 13 Jahre lang inne. In dieser Zeit beschäftigte er sich intensiv mit pädagogischen Fragen. Das kam sowohl den Schülern am Meppener Gymnasium zugute als auch zukünftigen Lehrerinnen, die er neben seiner Gymnasialtätigkeit von 1904 bis 1914 als Leiter des Pädagogischen Kursus der Lehrerinnenausbildung in Haselünne unterrichtete. Dort gab er in den ersten Jahren vier Wochenstunden Psychologie und Pädagogik, in den späteren Geschichte. Über diese Aufgabe sagte Berning im Nachhinein: „Diese Tätigkeit kostete mich durch die Vorbereitung für den Unterricht und durch die Reise manche Zeit, hatte aber den Nutzen, dass ich mich mit den Fragen der Pädagogik, die mir in meiner Aufgabe als Religionslehrer und Seelsorger wichtig waren, und der Lehrerbildung eingehend beschäftigen musste." Aus dieser Arbeit heraus übernahm er das Amt eines Geistlichen Beirats des Bezirks Emsland im Katholischen Lehrerinnenverein, wo er des Öfteren Vorträge über pädagogische Fragen hielt. Seinen Unterricht plante er nach neuen Prinzipien. Hatte man bis dahin vornehmlich durch Lehrervorträge und anschließendes Abfragen der Aufgaben versucht, den Schülern die Unterrichtsgegenstände nahezubringen, so übte er mit ihnen erste Formen der Gruppenarbeit ein. Es gelang ihm so, die Lernenden „selbst zur Auffindung von Problemen und zur eigenen Fragestellung und Beantwortung anzuleiten." Durch diese Methode regte er die Mitarbeit der Schüler an und förderte selbstständiges Denken. Geistige Neugierde wurde zu „Bildung und Weiterbildung" stimuliert. Von der antiken Philosophie geprägt, eröffnete er den Schülern die „Welt der ewigen Prinzipien und objektiven Werte und Gesetze". Diese Fragestellungen gewannen zu Beginn der NS-Zeit in der Auseinandersetzung mit der NS-Ideologie erneut Bedeutung. Pädagogisches Denken bestimmte auch in der Folgezeit sein Handeln mit.

Neben der unterrichtlichen Tätigkeit erschloss sich Berning ein breites Feld seelsorglicher Aufgaben in der Gemeinde. Als nebenamtlicher Pfarrseelsorger wandte er sich entsprechend seiner theoretischen Ausbildung sozial-karitativer Arbeit zu. Er gründete den Meppener Arbeiterverein und war einige Jahre hindurch dessen Präses. Außerdem förderte er Bestrebungen zur Schaffung von Wohnraum für Geringverdienende. Dazu gründete er den „Gemeinnützigen Bauverein“ für Arbeiter. Auf diese Weise trug Berning zum Wohlergehen der Arbeiterfamilien bei.

Im Gedanken der Öffnung gegenüber den evangelischen Christen zeigt sich ein weiterer Wesenszug Bernings, der sowohl für seine Bestellung als Bischof von Osnabrück als auch in der Zeit des Nationalsozialismus Relevanz hatte. Anlässlich der Wiederbesetzung des Bischöflichen Stuhles von Osnabrück nach dem Tode von Bischof Hubertus Voss am 3. März 1914 schrieb der Regierungspräsident von Osnabrück an den Oberpräsidenten in Hannover ein Gutachten über Berning. Es datiert vom 7. April 1914. Darin hob der Regierungspräsident insbesondere Bernings Toleranz gegenüber protestantischen Christen hervor. Es heißt in dem Gutachten: „Da er in der konfessionell gemischten Stadt Lingen aufgewachsen ist, so sind ihm infolgedessen auch die Empfindungen und Verhältnisse anderer Konfessionen nicht unbekannt. Wiederholte Reisen in andere Länder und die damit erworbene Kenntnis anderer Verhältnisse und Anschauungen dürften naturgemäß seinen Blick erweitert, sein Urteil geklärt haben. Ich bezweifle daher nicht, dass er anderen Konfessionen gegenüber einen toleranten, konzilianten Standpunkt einnehmen würde.“ Diese Qualifikation war eine wesentliche Voraussetzung für eine auf Dauer erfolgreiche Tätigkeit als Bischof in der Diözese Osnabrück. Es handelte sich 1914 um ein Diasporabistum. Auf seinem Gebiet lebten in der Mehrheit evangelische Christen. Dasselbe galt für die Bewohner der Stadt Osnabrück. Die im Gutachten angedeuteten Reisen führten Berning in den Schulferien nach Italien, Spanien, Palästina, Ägypten, Syrien, Skandinavien, Dänemark und nach Österreich-Ungarn. Ebenso lernte er auf Reisen auch Deutschland kennen. Am 13. Juli 1914 wurde Berning als Gymnasiallehrer zum Professor ernannt.

Wilhelm Berning war also humanistisch gebildet, schon in jungen Jahren weitgereist und besonders der Bildung der Jugend zugetan. Darin wird ein Charakterzug von Toleranz und Offenheit gegenüber Andersdenkenden sichtbar, gepaart mit Selbstbewusstsein. In diesem Sinne hatte er keine Berührungsängste.

2. Politisch-religiöser Rahmen zum Zeitpunkt der Bischofsweihe

Berning wurde bereits mit 37 Jahren am 26. Mai 1914 vom Osnabrücker Domkapitel zum Oberhirten des Bistums Osnabrück gewählt und am 29. September 1914, dem Fest des Hl. Michael, zum Bischof geweiht. Zum Leitspruch wählte er das Pauluswort „Caritas Christi urget – Die Liebe Christi drängt". Er war damals der jüngste katholische Oberhirte in Deutschland. Die Frage seines Alters spielte von Seiten des Staates anlässlich der Wiederbesetzung des Osnabrücker Bischofsstuhles eine gewisse Rolle. Es heißt in dem Gutachten des Landrats Georg Behnes von Meppen: „Wenn er auch noch verhältnismäßig recht jung für das hohe Amt ist, so glaube ich doch, dass er sich rasch in die hohe Stellung einleben und auch einem aus älteren Herren bestehenden Domkapitel gegenüber bald eine selbstständige Stellung sich verschaffen würde." Mit seiner Wahl zum Bischof von Osnabrück hatte der Tischlersohn Wilhelm Berning aus Lingen eine Entwicklung genommen, die wegen seines jugendlichen Alters umso aufsehenerregender war.

In einer schwierigen Zeit wurde er Bischof. Bei seiner Konsekration befand sich das Deutsche Kaiserreich, 1871 gegründet, schon nach 40 Jahren in einem ersten Krieg mit seinen europäischen Nachbarn, schließlich mit der damals wesentlichen außereuropäischen Macht, den USA. Gleich zu Beginn des Krieges stellten sich erste Siege im Westen ein. Eine große Euphorie ging durch die Bevölkerung. Es sollte ja nur ein Spaziergang

Abb. 4: Wilhelm Berning am Tag der Bischofsweihe

werden, so meinte man. Wie anders es dann kam, wissen wir heute zu genau. Doch der junge Bischof war nicht so begeistert. In seinem patriotisch gestimmten Hirtenwort zur Inthronisation am 29. September 1914 griff er den gerade ausgebrochenen Krieg auf. Im Gegensatz zur allgemeinen Kriegsbegeisterung betonte er auch das Leid, die Heimsuchung und die Gewalt des Krieges – auch für den Sieger. Gleichwohl rechtfertigte er den Krieg als gerechten Krieg, weil Deutschland angegriffen worden sei und sich verteidigen müsse. Er mahnte, die Demut angesichts der ersten Siege des deutschen Heeres nicht zu verlieren. Berning forderte die Katholiken zur Vaterlandsliebe auf. Damit bot sich ihm die Gelegenheit, den Vorwurf, Katholiken würden nur Anweisungen des Papstes befolgen (Ultramontanismus), zu überwinden. „Ein guter Katholik ist stets ein guter Patriot.

Abb. 5: Kaiser Wilhelm II. 1888–1918

Uns ist und sei die Vaterlandsliebe eine heilige, eine religiöse Pflicht [...] Treu stehen wir deshalb, auch in Not und Tod, zu unserem geliebten Vaterland und unserm verehrten Kaiser und König Wilhelm II., dem gerechten und gütigen Landesvater, dem wir unverbrüchliche Treue und Liebe bewahren." Es siegte das Staatsinteresse über den Gedanken der Universalität der Kirche. Es ist kein nationalistischer Chauvinismus, der seine Ausführungen bestimmt. Geprägt sind sie aber von den Kulturkampferfahrungen des frühen Kaiserreiches.

Im Oktober 1915 ermahnte Berning die Gläubigen zum Dank gegen Gott, „der so sichtlich unser Vaterland gegen eine Welt von Feinden beschützt und uns so oft den Sieg verliehen hat." Für den November 1915 richtete er drei Fasttage ein, „um so eher den Frieden in der Welt zu erflehen". Damit entsprach er wie auch andere Bischöfe einer weltweiten Bitte von Papst Benedikt XV. Die Schrecken des Stellungskrieges verfehlten ihre Wirkung auf die Gläubigen nicht. Deren zunehmender

Zweifel an der Existenz eines gütigen Gottes begleitete diese Entwicklung immer stärker, je länger der Krieg andauerte. Daher sah sich Berning genötigt, diese Frage im Fastenhirtenbrief 1917 unter Rückgriff auf Aussagen der Antrittsenzyklika Benedikts XV. vom 1. November 1914 aufzugreifen. Der Krieg, so der Bischof sei durch „die Schuld der Menschen, durch die Habsucht und Ländergier, [...] in die Welt gekommen. [...] Die Sünde macht elend die Völker." Indem die Menschen unter der Geißel des Krieges sich zu „fürsorgender Liebe" humanitärer Hilfe durchringen, so Berning, wird der Krieg „in der Hand Gottes zu einem Mittel einer großen Völkersühne und Völkerläuterung." Die Spannungen, die zwischen der Einschätzung des Krieges als eines gerechten Krieges (1914) und der Schuld des Menschen als Ursache des Völkerringens (1917) bestehen, löste Berning nicht auf. Sie hätten ihm in der Frage des gerechten Krieges eine größere Zurückhaltung auferlegt. Dies gilt auch für die Ruller Predigt vom 1. Mai 1917, in der er entgegen seinen Einsichten vom Februar desselben Jahres weiterhin den gerechten Krieg verteidigt, nicht als theoretische Überlegung, sondern als Kennzeichnung des gegenwärtigen Krieges. Gepaart sind diese Äußerungen mit tröstenden Worten für die leidenden Soldaten und alle unter dem Krieg verzweifelnden Menschen, die er der Liebe der Mutter Gottes anempfiehlt. Entsprechend diesem Ansatz wird der Soldatentod von ihm dann eingebettet in ein Marienlied wohl aus der Kriegsausgabe des Militär- Gebets- und Gesangbuches des katholischen Soldaten: „Wir grüßen dich im Schlachtgesang [...]", das zu damaligen Zeiten Trost bieten wollte. Es bleiben Brüche, wenn der Bischof einerseits dieses Lied zitiert und andererseits von den „großen und blutigen Entscheidungskämpfen" spricht. Vor dem Hintergrund der Kulturkampferfahrungen und aus der Zeit heraus mögen die Äußerungen erklärbar sein, aus heutiger Sicht aber wirken sie befremdend. Im Gegensatz zu den Friedenskundgebungen des Papstes aus dem Jahre 1915 nahm Berning dessen Friedensinitiative vom 1. August 1917 selbst nicht auf.

Die große Auseinandersetzung zwischen dem Deutschen Kaiserreich und der katholischen Kirche nach 1871 – bekannt

Abb. 6: Bischof Bernard Höting 1882–1898

unter dem Begriff Kulturkampf – hinterließ bei den Katholiken eine offene Wunde. Zwar hatte Berning ihn selbst kaum mehr bewusst erlebt, so war er doch fester Bestandteil im politisch-religiösen Denken der Katholiken und des jungen Bischofs. „Vaterlandsverräter" sollten die Katholiken sein, weil ihr Oberhaupt der Papst war, die Verkörperung einer universalen Macht. Die preußische und Reichsadministration glaubte die katholischen Christen in den nationalen Staat hineinzwingen zu müssen. Dass die Preußen dabei tatsächlich große Vorbehalte unter den Katholiken erzeugten, schien ihnen nicht aufzugehen. Gerade die katholische Kirche war es, die immer wieder den Versuch unternahm, zu einem inneren Frieden mit dem evangelischen Preußen zu kommen. Schon nach der Inkorporation Hannovers durch Preußen 1866, die in katholischen Kreisen – auch Osnabrücks – mit großen Vorbehalten begleitet wurde, war es der Direktor des Carolinums, Bernard Höting, späterer Bischof von Osnabrück, der sogleich für eine Aussöhnung mit Preußen eintrat. Höting entstammte dem Bistum Münster, das seit 1815 preußisches Bistum war. Er war es auch, der als Bischof maßgeblich mitbeteiligt war, den Kampf zwischen Kirche und Staat in den achtziger Jahren beizulegen. In diese Fußstapfen trat der junge Bischof mit seiner Inthronisationspredigt vom September 1914. Berning stellte den Ausgleich nicht etwa über eine theoretische Betrachtung der politisch-religiösen Situation her, sondern indem er die Treue der Katholiken zum Kaiser beschwor. Auch dieser war jung, repräsentierte ein dynamisches Reich. Warum sollten sich Katholiken da zurückhalten, zumal sich der Kaiser persönlich bei vielen Gelegenheiten religiös darbot?

Berning sah vor dem Hintergrund der staatsrechtlichen Vorstellungen der Kirche in der Monarchie eine Kraft, die den Rechten der Kirche Raum gab und sie unterstützte. Stellte doch nach seiner Einschätzung das Königtum eine auf Gott gegründete Herrschaft dar, die sich daher auch der Autorität Gottes zu unterstellen hatte. Der Kaiser sei sich nach Einschätzung des ‚2‘, jungen Bischofs der Verpflichtung dem Amt gegenüber auch bewusst, habe er doch beispielsweise nach der Kriegserklärung vom 1. August 1914 die Parole ausgegeben: „Nun empfehle ich Euch Gott. Jetzt geht in die Kirche, kniet nieder vor Gott und bittet ihn um Hilfe für unser braves Heer.“ Nach Ansicht Bernings standen Kirche und Staat nach dem Kulturkampf zusammen. Beide hatten in der Verantwortung vor Gott dem Heil des Menschen zu dienen. Dies entsprach der staatsrechtlichen Tradition der katholischen Kirche, wonach der Staat Gott unterstellt sei. Dieser Gesamtstrategie entsprachen auch Ergebenheitstelegramme des Bischofs an den Kaiser. Auf Bitten Bernings gewährte das Kaiserehepaar dem Bischof während dessen Berlin-Aufenthalt vom 26.-28. Dezember 1916 eine Audienz. Die konfessionelle Trennung – immerhin handelte es sich beim Kaiser um den Oberbischof der evangelischen Kirche Preußens – bedeutete ihm keinerlei Schwierigkeit. Mögliche Vorbehalte, die aufgrund der historischen Entwicklung seit 1866 zu diesem Zeitpunkt bei den Katholiken Osnabrücks noch hätten vorgeherrscht haben können, finden sich daher auch bei ihm nicht. Im Gegenteil! Berning erhöhte durch seine Predigt bei dem katholischen Volksteil die Akzeptanz der Hohenzollernmonarchie, andererseits erwartete und erhielt er für die katholische Kirche die Unterstützung von Kaiser und Reich. Angesichts der revolutionären Ereignisse in Russland bewegen sich Bernings Gedanken am Ende des Jahres 1917 im Spannungsfeld von Gehorsam gegenüber der Obrigkeit (Röm. 13, 1-7) und den Grenzen der Macht des Staates.

Neben Kulturkampf und staatsrechtlicher katholischer Tradition war es der Erzengel Michael – übersetzt „Wer ist wie Gott?", der für Berning Bedeutung hatte. Sein Fest am Weihetag Bernings war kein beiläufiges Datum, das zufällig an diesem Tag lag. Das Domkapitel hatte den 21. September als Tag der Inthronisation des neuen Bischofs vorgesehen. Berning bat ausdrücklich darum, den Festtag des Erzengels Michael, den 29. September, zu wählen. In der neutestamentlich-christlichen Tradition galt Michael als Sieger über Satan, über die bösen Mächte. Deren Verlangen besteht nun darin, sich an die Stelle Gottes zu stellen und sich mit ihm gleichzusetzen. Dagegen ist Michael der Anwalt des absoluten Anspruchs Gottes gegen das Böse. Für Berning war daher die Wahl des 29. September Programm. Es ging darum, Gott als oberste Macht anzuerkennen und Machtverhältnisse überall da zu kritisieren, wo Menschen oder Staaten totalitär für sich Gottes Rechte in Anspruch nehmen. Damit sichert nach Meinung des Bischofs der Gottesglaube die Freiheit des Menschen. Indem Berning im Bild des Erzengels Michael den absoluten Herrschaftsanspruch für Gott reklamierte, wandte er sich gegen die maßlose Aneignung des göttlichen Anspruches durch den Menschen. Die Verpflichtung auf Michael musste Berning mithin über kurz oder lang in erhebliche Konflikte mit all jenen politischen Ordnungen bringen, die eine Autonomie des Menschen oder des Staates gegen seine Gottesbindung reklamierten. Insbesondere gilt dies für das spätere NS-Regime.

Bei diesem Befund ist es naheliegend, dass der Osnabrücker Bischof die Revolution 1918/19 verabscheute. „Zu dem unglücklichen Ausgang des Krieges kam die Revolution mit ihren furchtbaren Folgen. Die Throne der Fürsten sind in unserem Vaterlande gestürzt. Der ganze bisherige Aufbau unseres Staatslebens ist zerstört. Die Grundlagen des Rechtes und der Gesetze sind erschüttert. [...] Die Bande der Sittlichkeit scheinen gelöst zu sein", so schrieb Berning Anfang 1919. Die Novemberrevolution des Jahres 1918 erschien ihm als ein Ereignis, das den Menschen den Boden unter den Füßen weggezogen hatte. Diese hatten nach seiner Einschätzung keinen Halt mehr, weil die traditionelle Ordnung durch die politischen Entwicklungen infolge des verlorenen Krieges beseitigt worden war. Der einzige stabilisierende „Felsen" in dieser Zeit der Unruhen war nach seiner Meinung die Kirche. Sie gab den Menschen Perspektiven, Hoffnungen und Halt. Wenngleich die Kirche selbst keine Politik betreiben wolle, so habe sie doch, wie Berning hervorhob, in der Vergangenheit segensreich in der Familien-, Sozial- und Bildungspolitik gewirkt. Eine Heilung der politischen Zustände sei nur möglich, wenn der Staat die Gebote Christi beachtet und befolgen werde. Auf ihnen basiere auch der Friede unter den Völkern. Dementsprechend forderte er die „Untertanen zum Gehorsam gegen die staatlichen Obrigkeiten" auf. Dies galt natürlich nicht für einen revolutionären Staat. Berning lehnte die Revolution unüberhörbar ab, da sie nach seiner Ansicht die Freiheit der Kirche und die Notwendigkeit ihrer Existenz zur Sicherung eines menschenwürdigen Zusammenlebens im Staat negierte. Den Staat identifizierte er mit der Hohenzollernmonarchie.

Es waren das Königtum entsprechend der staatsrechtlichen Tradition der katholischen Kirche, der Kulturkampf aus den siebziger Jahren des 19. Jahrhunderts und die Verpflichtung auf den Erzengel Michael – diese drei Grundelemente – bestimmende Größen, die Bernings politisch-religiöses Denken und Handeln in der Zukunft prägen sollten.

3. Regionale und überregionale Aufgaben

In seiner Tätigkeit als Diözesanbischof gründete Berning 1916 den Diözesan-Caritasverband. Der junge Bischof organisierte das Vereinsleben neu, schuf einen Erziehungsverein für verwahrloste Jugendliche und die Kinderferienerholung (1917), veranlasste die Niederlassung von Franziskanern in Ohrbeck (1918) und rief neue Ordensgemeinschaften ins Leben (Missionsschwestern vom heiligen Namen Mariens, 1920; Liebfrauenschwestern für Familienpflege, 1925). Durch Synoden gab er dem religiösen Leben der Diözesanen neue Impulse (1920, 1930, 1950). Berning förderte insbesondere auch das geistliche Leben in seinem Bistum. Dazu gehörten die Empfehlung zur frühen und von der Familie vorbereiteten Erstkommunion (1914/1924), die Exerzitienbewegung (1929), das Ewige Gebet (1934) und 1935 die Katholische Aktion. Er setzte Laienhelfer in der Seelsorge ein. Er war ein moderner Bischof, der die Zeichen der Zeit erkannte. Nach 1945 galt sein Engagement – allerdings vergebens – der Wiederbelebung der Bekenntnisschule und der Neugründung einer katholischen Pädagogischen Hochschule in Osnabrück. Sein großer Einsatz zugunsten der Flüchtlinge und Vertriebenen nach dem Kriege ist bis heute unvergessen. So gründete er in Hamburg die „Katholische Heimatlosen-Fürsorge" (1946), die sich über ganz Norddeutschland ausbreitete. Bis zum Jahre 1930 war er Apostolischer Provikar der sog. Norddeutschen Missionen, bestehend aus den Hansestädten Bremen, Hamburg, Lübeck, den mecklenburgischen Großherzogtümern und dem Fürstentum Schaumburg-Lippe. Zusätzlich war er Apostolischer Präfekt von Schleswig-Holstein. Im Jahre 1930 wurden diese Teile mit dem Bistum Osnabrück vereinigt.

Von besonderer Bedeutung für die katholische Kirche in Deutschland waren seine zahlreichen überdiözesanen Aufgaben. Entsprechend seinem Interesse für pädagogische Fragen und die Bildung der Kinder und Jugendlichen wurde er schon 1915 von der Bischofskonferenz mit schulischen Fragen betraut und schließlich 1915 Schulreferent der Bischofskonferenz. Als

Abb. 7: Berning mit Kommunionkindern

solcher nahm er an der von 1921-1923 tagenden Reichsschulkonferenz teil, welche die Grundlagen für ein Schulrahmengesetz erarbeiten sollte. Im Jahre 1919 wurde er Protektor der katholischen Erwachsenenbildung, 1920 Leiter der Bischöflichen Zentralstelle für die Ordensschulen und Protektor des Verbandes der Ursulinenklöster. 1921 wurde er Vertreter des Episkopates in der „Katholischen Schulorganisation Deutschlands". Seine Aktivitäten für die Erziehung und Bildung ließen es folgerichtig erscheinen, die Leitung der Kommission für die Bearbeitung der Lehrpläne des katholischen Religionsunterrichtes nach dem Ersten Weltkriege zu übernehmen. Bedeutsam war auch die Reform des Katechismus, die er zusammen mit dem Bamberger Erzbischof Jacobus von Hauck vornahm. All diese Aktivitäten zeigen, dass Berning auch als Bischof Fragen der Pädagogik nicht aus den Augen ließ. Insbesondere in einer Zeit der zunehmenden Selbstbestimmung des Menschen als Folge der Einführung demokratischer politischer Systeme kam der Bildung des einzelnen eine höhere Bedeutung zu. Im Jahre 1929 übernahm Berning das „Filmreferat der Fuldaer Bischofskonferenz“. Ebenso war er für den Rundfunk zuständig. In die Zeit der beginnenden dreißiger Jahre fallen auch seine Bemühungen um die Errichtung einer päpstlichen Kommission für religiöses Minderheitenrecht. Im Jahre 1941 betraute Kardinal Bertram ihn auch noch mit dem Pressereferat der Bischofskonferenz, welches Preysing aus Verärgerung über Bertrams im Namen der Bischofskonferenz Hitler ausgesprochene Geburtstagsglückwünsche niedergelegt hatte.

Weitere wichtige Aufgabenbereiche waren die Sorge um die Auswanderer und die Auslandsdeutschen. Im Jahre 1921 übernahm er auf Bitten des Generalsekretärs Pater Timpe die Präsidentschaft des St.-Raphaels-Vereins zur Betreuung der Auswanderer. In der NS-Zeit wurde diese Tätigkeit insbesondere wichtig, um katholischen „Nichtariern“ zur Ausreise zu verhelfen. Berning verlegte den Sitz von Freiburg nach Hamburg. Die Bischofskonferenz vertraute dem Bischof 1927 die religiöse Betreuung der Auslandsdeutschen in Südosteuropa und in Übersee an. Am 2. Dezember 1930 erhielt er vom Papst die offizielle Beauftragung für die religiöse Fürsorge der Auslandsdeutschen dieses Raumes. Eng mit der Aufgabe der Betreuung der Auslandsdeutschen war seine Arbeit im „Reichsverband für die katholischen Auslandsdeutschen“ verbunden, dessen Schirmherrschaft ihm 1934 übertragen wurde. Seine Weltläufigkeit und Aufgeschlossenheit kam dieser Tätigkeit entgegen. Im Jahre 1932 wurde der Bischof Präsident des „Apostolates des Meeres“. Als Bischof nahm er an den Eucharistischen Weltkongressen in Amsterdam (1924), Chicago (1926), Sydney (1928) und Dublin (1932) teil. Zahlreiche überregionale Aufgaben, die ihm von der Bischofskonferenz übertragen wurden, hatte er als Bischof inne. In seinem Bistum scheute er sich nicht, Neuerungen einzuführen, die das religiöse Leben der Gläubigen – insbesondere in Diasporagemeinden – anregten. Seine Weltläufigkeit und Offenheit halfen ihm dabei. Sie bestimmten auch als Bischof seine Tätigkeit.

4. Einstellung zur Weimarer Demokratie

Wie die Darlegungen zur Bischofsweihe zeigen, war Berning ein Freund des monarchischen Prinzips. Der Kaiser bot Gewähr für ein geordnetes und respektvolles Verhältnis von Kirche und Staat. Demgegenüber empfand er wie auch viele andere bis weit in Kreise der SPD hinein die Revolution als Chaos und Gefahr für das Zusammenleben der Menschen. Konkret zeigte sich diese Gefahr in marodierenden Banden, in dem Gefühl, dass Bolschewisten auch in Deutschland die Macht übernehmen könnten. In den Orten weit verbreitet war die Aufstellung von Bürgerwehren auf dem Lande zum Schutz der Menschen. So entstanden überall sog. Arbeiter-, Bauern- und Soldatenräte. Allerdings boten sie vor Ort keine sozialistische Aussicht, wie der Begriff nahelegt. Sie organisierten vornehmlich die Versorgung der Bevölkerung mit Nahrungsmitteln.

Für die Kirche kündigte sich mit der Bildung des Rates der Volksbeauftragten aus SPD und USPD am 14. November 1918 in Preußen neues „Unheil" an. Sie sollte aus dem öffentlichen Leben verschwinden und ihr Einfluss, den sie noch im Kaiserreich gehabt hatte, beseitigt werden. Dies galt insbesondere für die Schule. Der preußische Kultusminister Adolph Hoffmann von der USPD hob alle Reste der geistlichen Schulaufsicht in Preußen auf mit dem Ziel der Trennung von Kirche und Staat. Zwar kamen die politischen Verhältnisse mit den Wahlen von 1919 und der Verabschiedung der Weimarer Verfassung in ruhigeres Fahrwasser. Die Verfassung garantierte der Kirche sogar weitgehende Rechte. Es war auch nicht die Staatsform der Republik als solche, die Berning ablehnte, sondern die Wirkungen dieser Ordnung, sofern sie sich nicht vom Gottesglauben herleiten ließen (cura religionis). Die neuzeitlichen Entwicklungen führten nach seiner Meinung zu übermäßiger Betonung des Einzelnen, zu Ablehnung des Gottesglaubens, zu Wirrwarr, zum Verlust der Sittlichkeit, zur Aushöhlung der Familie, zur Beseitigung der Staats- und Kirchenautorität, des Rechtes und jeglichen menschenwürdigen Zusammenlebens. Diesem Prozess konnte nach Meinung Bernings nur abgeholfen werden, wenn der Staat der Kirche entgegen der neuzeitlichen Entwicklung den angemessenen Freiheitsraum gäbe und beide „als die höchsten Spitzen der einen Christenheit" dienten. Oberstes Ziel, das Bernings Überlegungen leitete, war das des menschlichen Heiles. Im Jahre 1917 formulierte er: „Nicht darin, dass wir frei von jedem Ungemach hier auf Erden sind, sollen wir Gottes weise Weltregierung erkennen, sondern darin, dass alles, das Kleine wie das Große, das Glück wie das Unglück, dem Endzweck der Weltschöpfung dient: Gottes Ehre und das Heil der Geschöpfe, besonders die ewige Glückseligkeit der Menschen, zu fördern." Kirche und Staat haben die Aufgabe, in gegenseitiger Achtung und Verpflichtung diesem Heil des Menschen zu dienen. Daher unterstehen beide nach Ansicht des Oberhirten der Autorität Gottes.

Bernings Grundposition wird daher vor dem Hintergrund der katholischen Tradition des 19. Jahrhunderts nicht falsch umschrieben sein, wenn man feststellt, dass er entgegen den liberalen Vorstellungen einer strikten Trennung von Kirche und Staat eine Kooperation beider Gewalten anstrebte, dass diese Zusammenarbeit nicht nur geprägt sein sollte von gegenseitigem Wohlwollen, sondern sogar von der Forderung, den Staat Gott zu unterstellen. Unmittelbar damit hängt seine Ablehnung der Religions- und Glaubensfreiheit als eines Menschenrechtes zusammen. Mit seinen Überlegungen von der Freiheit der Kirche befand sich der Bischof in der staatsrechtlichen Tradition der Kirche des 19. Jahrhunderts, die unter Leo XIII. mit der „Indifferenzthese" theoretisch neu durchdacht wurde. Danach sollte es den Völkern unbenommen bleiben, eine jede Staatsform zu wählen, die den eigenen Traditionen am ehesten entspreche. Wesentlich seien das „richtige, theologische Verständnis" des Ursprungs der staatlichen Gewalt, die Beachtung der Gerechtigkeit bei der Errichtung einer Demokratie und die Sicherung des Gemeinwohls als Ziel des staatlichen Lebens. Das Ja Leos XIII. zur Demokratie war ein Ja mit erheblichen Vorbehalten. Die mit der katholischen Staatsrechtslehre des 19. Jahrhunderts übereinstimmenden Positionen Bernings zeigen, dass es sich bei seinen Darlegungen und gegebenenfalls politi-

Abb. 8: Papst Leo XIII. 1878–1903

schen Einflussnahmen nicht um private Entschlüsse handelte, sondern um die Lehre der Kirche.

Dieses Denken war geprägt durch einen Antiliberalismus, der sich insbesondere schwertat mit dem Selbstverständnis des modernen Menschen als einer sich selbst bestimmenden Größe. In diesem Sinne wurden Forderungen nach einer freieren autonomen Sittlichkeit des Menschen abgewiesen und entsprechende gesellschaftliche Entwicklungen als unheilvoll abgelehnt. Dieses Denken besagt nicht, dass die fehlende Übereinstimmung mit der Weimarer Ordnung zu deren notwendiger Ablehnung in der politischen Praxis führte. Dementsprechend unterstützte Berning die jeweils herrschenden Parteien und Regierungen in der Weimarer Zeit, beteiligte sich aktiv in der Reichsschulkommission und tat alles, die Weimarer Republik gegen ihre Feinde von rechts und links zu schützen. Schon aufgrund seiner eigenen Parteimitgliedschaft im Zentrum seit 1903 stand er den Weimarer Regierungen nahe. Auch das Zusammengehen des Zentrums mit der SPD unterstützte er. Diese Einschätzung bedeutete aber keine inhaltliche Übereinstimmung mit der SPD. Dennoch unterschied er sich damit von jenen Katholiken, die sich anlässlich der Bildung der Weimarer Koalition 1919 vom Zentrum abwandten und den Katholikenausschuss in der DNVP 1920 bildeten.

Obwohl Berning zur praktischen Zusammenarbeit mit der Weimarer Republik bereit war, zeigte sich eine deutliche Distanz des Bischofs zu den politischen und gesellschaftlichen Verhältnissen von Weimar. So galt seine Ablehnung zunächst allen jenen Politikern, die sich in ihren Wertvorstellungen nicht der Kirche verbunden fühlten, weshalb er das katholische Volk ermahnte, diejenigen Vertreter in die Nationalversammlung zu wählen, die „freimütig für Religion und Sittlichkeit eintreten, sich entschieden allen Bestrebungen widersetzen, die der Kirche ihren Einfluss im Staatsleben, in der Schule und in der Familie rauben wollen". Die Verfolgung der Christen in der kommunistischen Sowjetunion veranlassten Berning, den Bolschewismus strikt zu verurteilen. Zuweilen stößt gerade die Verurteilung des Kommunismus durch Berning und die Bischöfe auch heute auf entschiedenen Widerspruch. Dabei beachtet die Kritik die Christenverfolgung der damaligen Zeit zu wenig. Auch in Deutschland waren Kommunisten daran beteiligt, Gottesdienste – etwa in Berlin – zu stören und Kirchen zu schänden. So wenig wie die Kommunisten das Leid der Christen zur Kenntnis nahmen oder dies sogar mit verursachten, so wenig nahmen die Christen das Leid der Kommunisten zur Kenntnis. Die jeweilige Wahrnehmung der eigenen Verfolgung bekam Ausschließlichkeitscharakter. Daher nahm man die Unterdrückung des jeweils anderen nicht zur Kenntnis oder forderte sie gar.

Die Verweltlichungsprozesse in der Konsequenz der Aufklärung unterminierten nach seiner Ansicht zudem die Staatsautorität und die Rechtsordnung. Ebenso werde die Lösung der sozialen Frage unmöglich, da die „Wirtschaftskreise sich dann nicht wie organische Glieder einer Gemeinschaft" gegenüberstünden. Große Gefahren sah er für die religiöse Erziehung der Kinder, da die katholische Schule in Gefahr sei. Dementsprechend betonte er den Gehorsam, den man aus Ehrfurcht vor der Autorität als „Grundprinzip der gottgewollten Ordnung in der Familie, im Staat und in der Kirche“ leisten müsse. Gegen „Kasten- und Klassengeist“ sei ein „Gemeinschaftsgeist“ gefordert, dem sich der einzelne unterwerfen müsse. Dazu gehöre auch, dass der Mensch historisch gewordene Strukturen – etwa in der Entwicklung der Konfessionen im Inland wie im Ausland – respektiert. Berning sagte daher auf dem „Deutsche(n) Tag“ in Hamburg im Jahre 1923: „Wer heute den konfessionellen Frieden stört, versündigt sich am deutschen Vaterlande. Lasset uns dem Frieden dienen, damit unser Volk wieder frei und glücklich werde.“ Bei dieser Gelegenheit erinnerte Berning an die Auslandsdeutschen, die auch zum deutschen Volk gehörten. Sie seien, so der Bischof, „unseres Blutes, unserer Sprache, unserer Kultur“. Ersichtlich ist, dass wesentliche Gedanken, die Bernings Broschüre „Katholische Kirche und deutsches Volkstum“ aus dem Jahre 1934 prägen, nicht erst durch die NS-Herrschaft hervorgerufen wurden, sondern sich schon in der Zeit der Weimarer Republik fanden. Tatsächlich hatte Berning also ein zwiespältiges Verhältnis zur Demokratie Weimars. Ablehnung im Grundsätzlichen, was den säkularen Ansatz angeht, praktische Zusammenarbeit und Unterstützung aber in konkreten politischen Fragen ergänzten einander.

5. Gemeinsamer Kampf mit den deutschen Bischöfen gegen die Nationalsozialisten zwischen 1931 und 1933

Die Reichstagswahl vom 14. September 1930 brachte den Nationalsozialisten bedeutende Gewinne. Das neue Selbstbewusstsein demonstrierten die Mitglieder der Partei in der Öffentlichkeit. Am 17. Dezember 1930 fragte der Pastor primarius zu Hamburg, Bernhard Dinkgrefe, bei Berning an, „welchen Standpunkt die Geistlichen gegenüber den nationalsozialistischen Parteigenossen katholischer Konfession einnehmen (sollten, d. Verf.) und ob von diesen Mitgliedern der Austritt aus der Partei ausdrücklich verlangt wird, bevor sie zu den Sakramenten zugelassen werden". In der pastoral gehaltenen Antwort vom 3. Januar 1931 wies Berning darauf hin, dass außer dem Bischof von Mainz noch kein deutscher Bischof sich zu dieser Frage geäußert habe und dass man sich auch noch zu keiner gemeinsamen Stellungnahme der Bischöfe habe verständigen können, „da die Bewegung noch in Gärung ist und viele katholische Mitläufer die Tragweite der Bestrebungen der Partei nicht durchschauen". In dem Brief an Dinkgrefe schloss Berning sich der Kundgebung Kardinal Bertrams an, die dieser Silvester 1930 in seinem Amtsblatt veröffentlicht hatte. Berning ließ in dem Brief keinen Zweifel daran, dass es Aufgabe der Geistlichen sei, die aus Sicht der Kirche falsche Weltanschauung der Nationalsozialisten als solche zu benennen, zugleich aber den einzelnen nicht aus der Kirche zu drängen. Sofern allerdings jemand ausdrücklich sich zum „übertriebenen Nationalismus" und auch zu einer „christlichen Religion germanischer Rasse" bekenne, „ist sein Vorgehen gegen die kirchlichen Grundsätze gerichtet". Abschließend betonte Berning: „Die Kirche muss verlangen, dass ein Katholik, der zu den Sakramenten gehen will, im Geiste der Katholischen Aktion an der Förderung der katholischen Religion mitarbeitet, und sie darf nicht dulden, dass ein Katholik Bestrebungen gegen die Kirche offen oder geheim, direkt oder indirekt unterstützt." Sinngemäß nahm Berning in dieser Frage damit Anfang Januar 1931 eine Haltung ein, wie sie acht Monate später in den „Richtlinien der Fuldaer Bischofskonferenz" vom 5. August 1931 formuliert wurde.

Woran nahmen die Bischöfe Anstoß? Berning bezieht sich in dem Schreiben auf einen falsch verstandenen übersteigerten Nationalismus und auf eine religiöse Weltanschauung des Rassismus. Gegen diese Erscheinungen wandte sich die Kirche, weil sie der christlichen Lehre diametral widersprachen. Die Kirche und das Christentum waren universal. Ein übersteigerter Nationalismus konnte diesen Universalismus zerstören. Ähnlich war es mit dem Rassismus. Das Heilsangebot Jesu richtete sich an alle Menschen ohne Unterschied, ob schwarz, weiß, welcher Rasse auch immer. Beide, übersteigerter Nationalismus und Rassismus, waren unter diesem Gesichtspunkt sich bedin-

Abb. 9: Adolf Kardinal Bertram, Vorsitzender der Fuldaer Bischofskonferenz 1919–1945

gende Erscheinungen. Beide waren für die katholische Kirche zerstörerisch, widersprachen der Lehre der Kirche und somit abzulehnen. Daher sollten katholische Mitglieder der NSDAP keinesfalls in Uniform im Gottesdienst geduldet werden. In St. Johann in Osnabrück wurden sie der Kirche verwiesen. Dazu schrieb die Osnabrücker Zeitung am 15. August 1931 unter der Schlagzeile: „Nationalsozialisten wird der Kirchenbesuch verboten." Die verschiedenen bischöflichen Verlautbarungen des Jahres 1931 drückten diese Ablehnung der nationalsozialistischen Ideologie als Konsens bischöflicher Einschätzung aus. So heißt es etwa in der Kundgebung der Bischöfe der Kölner Kirchenprovinz vom. 5. März 1931, zu denen auch Osnabrück gehörte: „Vielmehr drohen fortgesetzt eine Reihe von schiefen und falschen Auffassungen, die von führenden Vertretern der nationalsozialistischen Bewegung in öffentlichen Versammlungen, in Presse und Literatur über fundamentale christliche Glaubenswahrheiten, insbesondere über die katholische Lehre von der Universalität, Einheit und Autorität der Kirche Jesu Christi, über einzelne sittliche Grundsätze, ferner über das Verhältnis von Kirche und Staat, von Religion und Rasse kundgetan wurden, mehr und mehr die unserer Hirtensorge anvertrauten Seelen zu verwirren und zu gefährden."

Dementsprechend wies Berning seine Geistlichen an, gegen Bestrebungen von rechtsradikalen Vereinen und Parteien in den Gemeinden öffentlich vorzugehen und stützte sie bei den zu erwartenden Auseinandersetzungen. Regelmäßig beklagten diese sich beim Bischof darüber, dass die Geistlichen sich in den Predigten politisch äußerten – die Kanzel also missbräuchlich politisch nutzten. Demgegenüber betonte der Bischof, dass es sich nicht um eine politische Äußerung handle, sondern dass sie nur die Morallehre der katholischen Kirche verträten. Das sei notwendig und kein Missbrauch der Kanzel. In diesem Sinne nahm er auch in Briefen an rechtsgerichtete Katholiken Stellung und verteidigte das Zusammengehen von SPD und Zentrum in der Weimarer Koalition. Als Zuständiger in schulischen Fragen berichtete er im August 1931 in der Bischofskonferenz von der Radikalisierung der schulischen Jugend. Unter dem Einfluss radikaler Lehrer lassen sich Schüler dazu verleiten, „an Stahlhelmtagen teilzunehmen, Flugschriften zu verteilen, gegen jüdische Schüler aggressiv vorzugehen und Bemerkungen aus dem Unterricht [...] weiterzumelden oder in Organen der radikalen Schulorganisationen zu veröffentlichen." In unserem Zusammenhang ist bemerkenswert, dass er Angriffe auf jüdische Schüler ausdrücklich erwähnt. Berning trug aktiv dazu bei, die Nationalsozialisten zu bekämpfen, indem er die Katholiken vor deren gefährlicher Weltanschauung warnte. Diese Strategie trug auch Früchte, insofern die Katholiken einen geringeren Anteil unter den NSDAP-Wählern stellten. Die an der kirchlichen Lehre orientierte Auseinandersetzung wirkte sich bei den Wahlen vom 5. März 1933 politisch zugunsten von Parteien der Weimarer Republik, insbesondere dem Zentrum, aus.

Deutlich ist, die Bischöfe lehnten die NSDAP mit ihrer rassistischen und nationalistischen Weltanschauung ab. Gegen das Votum der Bischöfe erhielten die Nationalsozialisten bei der Reichstagswahl am 5. März 1933 dennoch 43,9% der Wählerstimmen. Die Bischöfe hatten alles getan, was in ihren Kräften stand, Hitler zu verhindern. Nach der Wahl aber mussten sie mit Hitler, den sie nicht wollten, leben – oder sollten sie etwa zum Putsch aufrufen? Das wäre Aufforderung zur Gewalt gewesen, die Katholiken verboten war. Welche Haltung hätten diejenigen eingenommen, die Hitler gewählt hatten – und das waren 43,9 % der Deutschen? Die Bischöfe befanden sich in der Zwangslage, zwischen dem paulinischen Gehorsamsgebot einerseits und ihrer ablehnenden Haltung gegenüber den Nationalsozialisten, die sie von 1931 bis 1933 eingenommen hatten, wählen zu müssen. Jede der Entscheidungen führte sie in unüberwindliche Konflikte. Aus diesem Dilemma befreite sie Hitler, indem er den Bischöfen am 23. März 1933 zusagte, den Staat auf eine christliche Grundlage zu stellen. Wie sehr die Bischöfe eine solche Entscheidung wünschten, macht Bernings Silvesterpredigt von 1929 deutlich. Damals sagte er: „Nein, wir stehen einer gottentfremdeten, christusfeindlichen Welt gegenüber, die sich verschworen hat, Christus und die Kirche, nicht nur die katholische, zu stürzen, christliche Sitte auszurotten: Und diese Bestrebungen haben Erfolg. Die Entchristlichung schreitet mit Riesenschritten voran. Man kann heute schon, ohne zu übertreiben, die Frage aufwerfen, ob die Mehrheit der deutschen Bevölkerung noch christlich ist.“ Eine Rettung der Welt sah Berning nur in der Hinwendung zum Christentum. Diese bot Hitler. Danach schien es die Möglichkeit einer gewissen Entspannung von Kirche und Staat zu geben. Am 28. März 1933 gaben die Bischöfe eine Erklärung ab, wonach eine Zusammenarbeit von Katholiken mit der NSDAP unter Vorbehalt nunmehr möglich sei. Hitler hatte die Verletzlichkeit der Bischöfe mit seinem Versprechen getroffen, den Staat auf eine christliche Grundlage zu stellen. Die Bischöfe interpretierten diese Zusage Hitlers im Pfingsthirtenbrief 1933 nach Maßgabe der „kulturpolitischen“ Forderungen gegen einen übersteigerten Nationalismus und einen Rassismus, die sie im Laufe der Diskussionen 1931 herausgearbeitet hatten. Die Erklärung Hitlers und der Pfingsthirtenbrief waren der Angelpunkt, an dem sich das berningsche Verhalten im Jahre 1933 festmachte. Es war Zustimmung und Grenze zugleich. Vor 1933 bekämpfte der Bischof Ohne Wenn und Aber die Nationalsozialisten und forderte seine Geistlichen auf, den bischöflichen Anweisungen zu folgen.

II. Berning in der Zeit des Nationalsozialismus

1. Position des Bischofs nach den Märzwahlen 1933

Wenngleich die öffentlichen zustimmenden Äußerungen Bernings im Jahre 1933 überwogen, so konnten die Zeitgenossen besonders in den ersten Monaten des Jahres noch weiterhin Kritik des Bischofs wahrnehmen. Davon zeugen verschiedene öffentliche und private Äußerungen etwa zur Frage der Entlassung von Zentrumsbeamten am 8. April 1933 oder auch zur Ablehnung eines Gottesdienstes anlässlich von Hitlers Geburtstag am 20. April, „weil das Verlangen von der Gauleitung und nicht von der Regierung ausging." Berning unterschied deutlich zwischen Partei und Staat. Dies war auch Konsens im Episkopat. Beide durften nach ihrem Verständnis nicht identisch sein. Der Staat konnte den Bürger verpflichten, nicht aber die Partei. Zum Judenboykott am 1. April 1933 äußerte er sich wie die anderen Bischöfe nicht. Dass dieses Verhalten nicht in einem Antisemitismus begründet war, beweist Bernings Mahnungen über Radikalisierungstendenzen in der studierenden Jugend Deutschlands, bei der er die Übergriffe auf jüdische Schüler klar ablehnte. Gleichwohl wünschten sich viele Katholiken in der Frage des Boykotts ein klares Wort der Bischöfe. Es waren schon in dieser Frühzeit bischöfliche Sorgen, „weil der Kampf gegen die Juden zugleich ein Kampf gegen die Katholiken werden würde" wie der Münchner Kardinal Faulhaber formulierte. Darüber hinaus stand die wirtschaftliche Beeinträchtigung der Juden auch nicht als antisemitisch im Fokus der katholischen Tradition.

Die Vorbehalte der Bischöfe gegenüber den Nationalsozialisten führten zu Beschwerden, die Berning als Leiter der Konferenz der Kirchenprovinzvertreter Ende April 1933 Hitler vortrug. Den Auftrag dazu erhielt er von Kardinal Bertram, dem

Vorsitzenden der Bischofskonferenz, im Namen des deutschen Episkopates. Der Breslauer Oberhirte begründete Kardinal-Staatssekretär Pacelli gegenüber die Auswahl damit, dass Berning über die einschlägigen Gegenstände gut informiert sei, die nötige Festigkeit gegenüber den staatlichen Behörden und wegen seines Wirkens im Auslande eine geachtete Stellung im öffentlichen Leben habe. In dieser Funktion kam es auch zu einer Audienz bei Hitler. Berning beklagte das Vorgehen des Staates gegen die katholischen Vereine und alle Versuche, die katholische Kirche aus dem öffentlichen Raum zu entfernen. In ihm keimte nach der Audienz bei Hitler vom 26. April 1933 die Hoffnung, dass dieser seinen Worten Taten folgen lassen werde. Vor diesem Hintergrund hatte das autoritäre Regime für ihn zweckmäßige Bedeutung. Er wollte es nutzen im Interesse der kirchlichen staatspolitischen Forderungen und Vorstellungen und glaubte, dafür in Hitler einen Gewährsmann gefunden zu haben. Der spätere Konkordatsabschluss schuf scheinbar entsprechende Sicherheiten. Mit seiner nunmehrigen Haltung zum NS-Regime unterschied sich Berning etwa deutlich von Bischof Preysing von Eichstätt. Dieser stand dem gesamten Prozess eher zurückhaltend bis skeptisch gegenüber und wollte anstelle eines pragmatischen Handelns eine prinzipiell begründete Abwehrhaltung gegenüber dem Staat. Daher forderte er etwa anlässlich der Herausgabe des gemeinsamen Pfingsthirtenbriefes, auf ein Bekenntnis „zur ‚neuen Ordnung,‘ zum ‚neuen Staat‘“ zu verzichten, weil der „neue Staat [...] von seinen Schöpfern mit der nationalsozialistischen Partei gleichgesetzt“ werde.

Bernings Erklärungen wurden in dieser Phase zunehmend staatsnäher. Das Konkordat vom 20. Juli 1933 schien ihm über Hitlers Aussagen vom 23. März und 26. April 1933 hinaus Zeichen der Ernsthaftigkeit des „Führers“ zu sein, seine Zusagen einzuhalten. Anlässlich der Ratifizierung des Konkordates vom 20. September 1933 ließ er in seinem Bistum einen Dankgottesdienst feiern. In der entsprechenden Anweisung an die Pfarrgeistlichkeit schrieb er: „Der Abschluss des Reichskonkordates ist für die katholische Kirche in unserm deutschen Vaterlande von so weittragender Bedeutung, dass es sich geziemt, für die glückliche Vollendung dieses Werkes dem lieben Gott in besonderer Weise feierlich zu danken." Bertram dagegen konnte sich für eine derartige Sicht nicht erwärmen: „In das allgemeine Kling-Klang-Gloria einzustimmen, ist heute noch nicht die rechte Zeit. Das ist weder Undank noch Miesmacherei, sondern nur ernste Sorge." Der Osnabrücker Bischof vertraute auf das Recht, wie es sich durch den Konkordatsabschluss zeigte, und war daher bereit, Hitler zu vertrauen. Trotz aller öffentlich zur Schau getragenen Zustimmung zum neuen Staat war er auch nach der Zusammenkunft mit Hitler und dem Konkordatsabschluss persönlich weiterhin recht skeptisch. Er sprach im September 1933 von einer „zweite(n) Säkularisation" und meinte: „Unsere Zeit ist eine große Prüfung, die Gott mit uns Geistlichen vornimmt." Von dieser Skepsis zeugen auch die folgenden Äußerungen gegenüber den Priestern seiner Diözese. So sagte er bei derselben Gelegenheit: „Es gibt freilich auch Grenzen der Anpassung: Gott ist das Maß aller Dinge und sein hl. Wille. […] Wir dürfen aber nicht unnötig die Religion zum Amboss machen als Objekt für den Hammer, der sich ein Ziel sucht. Mit dem Starkmut muss sich verbinden die Tugend der *** (unleserlich) Klugheit."

Aus dieser Einschätzung heraus, Kooperation wo möglich und Abwehr wo nötig, hielt er seine Silvesterpredigt 1933. Es ist ein Dokument der Abwehr neuheidnischer Vorstellungen über das Christentum, aber auch der Nähe zum Staat. Dass es dabei aber nicht um eine geistige Nähe zum Nationalsozialismus ging, etwa zur rassistischen Ideologie, macht schon sein früher Kampf gegen den Nationalsozialismus vor 1933 deutlich. Es handelt sich um eine „partielle Kontinuität" (Nipperdey). Gemeint ist damit, dass es eben keine Übereinstimmung gab, wohl aber eine Teilberührung aufgrund historischer Traditionslinien aus der deutschen Geschichte. Eingangs betonte Berning gegen die Glaubensbewegung und die Nationalsozialisten das sich gegenseitig befruchtende Verhältnis von „Germanentum" und „Christentum". Durch die Verbindung des Germanentums und Christentums sei die Blüte der deutschen Kultur entstanden, „wie wir sie in den Werken der Kunst und Literatur der früheren Jahrhunderte bewundern". In den weiteren Darlegungen griff der Bischof den Führergedanken wieder auf. In ihm sah er eine Gemeinsamkeit von Staat und Kirche. Einschränkend meinte er dann: „Führersein bedeutet aber nicht willkürliches Herrschendürfen, sondern lebendigen Dienst an der Gemeinschaft". Diese Aussagen zeigen, dass er die rote Linie des Pfingsthirtenbriefes in seinen zustimmenden Erklärungen zum Regime nicht überschritt. Der Führer unseres Staates ist sich auch seiner Verantwortung vor Gott und seiner Hingabe an das Volk bewusst, wie er es oft ausgesprochen hat. Wir anerkennen diese staatliche Autorität aus religiöser Auffassung und bringen ihr Ehrfurcht, Liebe, Gehorsam entgegen." Weiter lobte Berning an dem neuen Staat dessen konsequente Gegnerschaft gegen den Bolschewismus, die Bemühungen um die Beseitigung der Arbeitslosigkeit und die Schaffung der Einheit des Volkes über alle parteilichen Grenzen hinweg. Bei dieser Gelegenheit mahnte er aber auch erneut die Einhaltung der Zusagen Hitlers vom März 1933 an. Auch jetzt betonte er die „große Liebe zu Volk und Vaterland", den starken Gemeinschaftsgeist und den „großen Optimismus" der Katholiken.

Seine euphorischen und staatsnahen Äußerungen auf dem Bremer Katholikentag am 24. September 1933 gipfelten nach dem Bericht der Bremer Nachrichten vom 25. September 1933 in der Aussage: „Heute verlange die Regierung wieder die Zurückführung des ganzen Volkes zur Kirche, die Heilighaltung der Ehe und Familie." Auch die Erklärungen auf dem Katholikentag stellten somit keinen Kompromiss mit der NS-Ideologie dar oder mit einem Staat, der sich unter der Herrschaft der Nationalsozialisten gegen Kirche und Recht stellte. Genau das Gegenteil verlangte er, wenn er die „Führerschaft zu Christus" einforderte. Obwohl Berning gerade zum Preußischen Staatsrat ernannt worden war, sah sich nicht als solchen, sondern als Bischof. Auch bei dieser Gelegenheit waren es Ausführungen, die von der Zusage Hitlers geprägt waren, den Staat auf eine christliche Grundlage zu stellen. Am 7. Januar 1934 lobte Berning anlässlich des Bonifatiustages in Jülich den neuen Staat, betonte die Treue der Katholiken und hob erneut den Gedanken des Führerprinzips in Staat und Kirche hervor. Dementsprechend stand auch der Fastenhirtenbrief vom 28. Januar 1934 stark unter dem Gedanken des Brückenbaus. Auch in diesem Hirtenbrief begrüßte Berning wie schon auf der Männerwallfahrt in Rulle 1933, dass „das neue Reich die Gottlosigkeit des Bolschewismus niedergerungen hat, dass der Kampf gegen die öffentliche Unsittlichkeit, gegen Schmutz und Schund in der Literatur mit Kraft aufgenommen ist". In seiner Haltung war Berning durch Pius XI. anlässlich der Audienz vom 20. Mai 1933 bestärkt worden: „Wegen der politischen Verhältnisse in Deutschland [...] dürfe (man, d. Verf.) nicht zu optimistisch, aber auch nicht Pessimist sein." Berning sah Anknüpfungspunkte zum NS-Staat in genügender Zahl, und er bekannte in diesem Sinne die aufrichtige Mitarbeit der Katholiken an dieser politischen Ordnung. Daher ist es nicht verwunderlich, wenn er am 9. Februar 1934 Hitler seinen Fastenhirtenbrief zusandte mit dem Bemerken: „In der Anlage gestatte ich mir, Ihnen meinen diesjährigen Hirtenbrief, durch den ich meine Diözesanen vom religiösen Standpunkt her zur freudigen und hoffnungsvollen Mitarbeit an den Aufgaben des Staates und der Volksgemeinschaft hinzuführen suchte, als Zeichen meiner Verehrung zu übersenden." Zwar war diese zustimmende Haltung nicht von langer Dauer und sie galt unter der Voraussetzung der Zusage Hitlers, den Staat auf eine christliche Grundlage zu stellen, dennoch ist es keine Frage, Berning unterstützte den Staat in der zweiten Hälfte des Jahres 1933 in einer Weise, die aus der Rückschau sehr befremdlich anmutet. Auch der Abschluss des Konkordates als ein erster entscheidender Schritt auf dem Wege zur Realisierung dieser Zusage, kann den Eindruck nicht verwischen. Nuancierungen und Differenzierungen, die er privat äußerte, gerieten gegenüber dem „Lärm" seiner öffentlich zustimmenden Äußerungen ins Hintertreffen. Man nahm sie daher auch nicht wahr, obwohl sie ein wichtiger Bestandteil seiner Einstellung zum Regime waren. Berning glaubte also 1933, den staatsrechtlichen Vorstellungen der katholischen Tradition durch eine begrenzte Zusammenarbeit mit dem NS-Staat auf der Grundlage der hitlerschen Zusagen, den Staat auf eine christliche Grundlage zu stellen, näher zu kommen.

2. Preußischer Staatsrat

Der Preußische Staatsrat war eine Institution aus dem 19. Jahrhundert. Geschaffen wurde er als beratendes Organ der Monarchie im Jahre 1817. Mitglieder waren hohe Amtsträger des Landes. Bis zum Jahre 1848 hatte er großen Einfluss auf die Gesetzgebung des Staates ausgeübt. Nach seiner Umgestaltung im Jahre 1920 war der Preußische Staatsrat bis 1933 die Vertretung der Interessen der Provinzen in Gesetzgebung und Staatsverwaltung. Seine Mitglieder wurden von den Provinziallandtagen gewählt. Die Dauer der Mitgliedschaft bestimmte sich nach der Dauer der Legislaturperiode des Wahlkörpers, von dem sie entsandt worden waren. Daher besaß der Staatsrat selbst keine bestimmte Wahlperiode. Er rekrutierte sich nach dem Prinzip der Teilerneuerung. Die Mitglieder übten das Amt ehrenamtlich aus. Der Staatsrat hatte bei der Gesetzgebung ein Initiativrecht, ein Begutachtungsrecht gegenüber Gesetzesvorhaben, ein Einspruchsrecht gegenüber Gesetzesbeschlüssen sowie ein Zustimmungsrecht. Was die Exekutive anging, besaß er ein Informations- und ein Anhörungsrecht. Außerdem wirkte er bei der Landtagsauflösung mit. Der Staatsrat zur Zeit der Weimarer Republik war eine Einrichtung, die in die demokratischen Strukturen des Staates eingebunden war. Als solcher unterschied er sich erheblich von dem der vorrevolutionären Zeit. Er besaß wirkliche gesetzgeberische Mitwirkungsrechte.

Mit der Übernahme der Herrschaft durch die Nationalsozialisten ergab sich für sie die Notwendigkeit, auch den Staatsrat auf die veränderten Bedingungen einzustellen. Nach der neuen Gesetzeslage (8. Juli 1933) war er nunmehr eine das preußische Staatsministerium beratende Institution. Der Ministerpräsident war Präsident des Staatsrates. Die Mitglieder wurden nicht mehr gewählt, sondern ernannt. Kraft Amtes gehörten dem Staatsrat der Ministerpräsident und die Staatsminister an. Der Ministerpräsident ernannte entsprechend den Gesetzesbestimmungen bis zu fünfzig Personen erstens aus dem Kreis der Staatssekretäre, zweitens aus dem der hohen Partei-, SS- und

Abb. 10: Hermann Göring und Adolf Hitler 1943

SA-Führer und drittens aus dem der Kirchen, der Wirtschaft, Arbeit, Wissenschaft und Kunst sowie sonstige verdiente Männer. Die erste und zweite Gruppe schieden aus dem Staatsrat mit der Aufgabe des jeweiligen Amtes aus, während die Personen der dritten Gruppe auf Lebenszeit ernannt wurden. Deren Mitgliedschaft endete, wenn der Ministerpräsident feststellte, dass die Voraussetzungen – was auch immer gemeint ist – nicht mehr gegeben waren. Weiter schieden diese Mitglieder dann aus, „wenn der Ministerpräsident einem Staatsrate das Anerkenntnis unverletzter Ehrenhaftigkeit oder eines der Würde des Staatsrats entsprechenden Lebenswandels oder Verhaltens versagt". Der Staatsrat trat dann zusammen, wenn er vom Ministerpräsidenten einberufen wurde. In den Versammlungen wurde nicht abgestimmt. Seit März 1936 war der Preußische Staatsrat nicht mehr zusammengetreten, und es wurden auch keine neuen Mitglieder ernannt.

Erstmals traf der preußische Ministerpräsident Göring Bischof Berning am 26. April 1933 nach seinem Gespräch mit Hitler. Berning war positiv gestimmt, als er in die Unterredung mit Göring ging. Gegenstand der Besprechung waren Überlegungen zu einem gedeihlichen Verhältnis von Kirche und Staat, wobei Göring Berning gegenüber die Positionen Hitlers zum Christentum bestärkte. Der Bischof konnte den Eindruck gewinnen, dass dieser Staat das Christentum schützen und sich an die Seite der Kirche stellen werde. Es wurden keine konkreten kirchenpolitischen Vorhaben besprochen. Göring selbst führte das Gespräch wohl auch unter dem Gesichtspunkt einer möglichen Auswahl Bernings für das Amt des Staatsrates. Trug er sich doch schon lange mit dem Gedanken, im Falle der Machtübernahme einen Bischof zum Staatsrat zu ernennen. Bereits im Mai 1931 hatte Göring dem Vatikan die Zusicherung gegeben: Die Partei werde „die kirchliche Einmischung ins Politische zwar beenden, den Bischöfen aber durch Sitz und Stimme in einem Staatsrat direkten Einfluss auf gemischte Sachgebiete einräumen". In dem Gespräch vom 26. April 1933 erschien Berning dem preußischen Ministerpräsidenten als jemand, der sich nach den Zusagen Hitlers auf die Seite des neuen Staates zu stellen gedachte und der wegen seiner hervorgehobenen Stellung im Episkopat als Leiter der Konferenz der Kirchenprovinzvertreter, die vom 25.–26. April 1933 in Berlin tagte, auf dem politischen Parkett ausreichend flexibel sein würde. Aus der Sicht Görings konnte die Tatsache, dass Berning die Gesprächsleitung bei diesen Verhandlungen besaß, nur als Signal besonderen Vertrauens des Episkopates gewertet werden. Das qualifizierte den Bischof in den Augen des Ministerpräsidenten zusätzlich. Musste es Göring doch um eine möglichst starke Breitenwirkung innerhalb des Bischofskollegiums gehen. Von ungleich größerem propagandistischem Wert wäre die Mitgliedschaft eines Kardinals gewesen. Dies stand aber für den Episkopat wohl nicht zur Diskussion, weil das eine ungleich engere Bindung der Kirche an den Staat bedeutet hätte. Es sprach nichts dagegen, aber vieles dafür, Berning als den Bischof für das Amt des Staatsrates auszuwählen.

Warum sollte Berning bei diesen Aussichten für die Kirche einer Ernennung als Staatsrat im Wege stehen? Zu Recht rechnete Göring damit, dass sich der Bischof vor diesem Hintergrund für den neuen Staat einsetzen werde. Die für den Bischof entscheidende Frage nach dem Christentum als der Grundlage des Staates beeinträchtigte die Haltung Görings nicht, da man zu dem gegebenen Zeitpunkt die Kirchen noch aus herrschaftstaktischen Erwägungen benötigte. Die Ernennung signalisierte nach außen ein gutes Einvernehmen mit der Kirche, verpflichtete aber zu nichts, da man ohnehin nicht daran dachte, Recht und Gesetz einzuhalten. Es trafen sich mithin die Interessen Görings und Bernings, insofern beide ein gedeihliches Verhältnis von Kirche und Staat anstrebten – allerdings aus je unterschiedlichen Erwägungen. Göring hatte eine taktische Komponente im Rahmen der Herrschaftsbegründung 1933 im Sinn, während Berning mit diesem Angebot glaubte, besser im Sinne der Einheit von Kirche und Staat als Forderung der kirchenamtlichen Traditionen zum Heil des Menschen zu handeln. Es bot sich ihm hier aus seiner Sicht für die Kirche eine Chance, die Zusage Hitlers Realität werden zu lassen. Großen Wert legte der Bischof daher auch auf eine Beauftragung durch die Bischofskonferenz. Ohne sie und die Zustimmung des Papstes wollte er das Amt nicht ausüben. Er verstand sich als Teil der Kirche und nicht des Staates. Darüber konnten auch seine Erklärungen in dieser Phase des Jahres 1933 nicht hinwegtäuschen. Vor diesem Hintergrund gab Berning – mögliche Vorbehalte zurückstellend – seine Zustimmung.

Am 11. Juli 1933 wurde er durch Göring zum Preußischen Staatsrat berufen. Anlässlich der Eröffnung des Staatsrates am 15. September 1933 formulierte Berning eine Presseerklärung, in der er die bekannte zustimmende Haltung der Bischöfe zum Staat bekundete, „seine Autorität anzuerkennen, wie das ja für jeden Katholiken selbstverständlich ist. Wir dienen dem Staat mit heißer Liebe und mit allen unseren Kräften. Seine Nöte sind auch die unsrigen; und wenn er uns aufruft, gemeinsam das Wohl des Volkes zu fördern und die ungeheure Not zu lindern, so wollen wir uns an Eifer von niemand übertreffen lassen. Im Gegenteil, gerade deshalb, weil da und dort Missverständnisse vorhanden zu sein scheinen, wollen wir unsere Anstrengungen verdoppeln, wollen wir den Beweis erbringen, dass die Katholiken nicht die schlechtesten Stützen des Neuen Staates sind. In dieser Richtung werde ich mir alle erdenkliche Mühe geben.“ Die Erklärung ist geprägt von den Kulturkampferfahrungen, vom Kampf der Bischöfe gegen die NSDAP vor 1933 und den Zusagen Hitlers. An den Bischöfen soll der neue Staat nicht scheitern. Dafür will Berning alles tun. Mit dem letzten Satz weist er auf die Differenzen zwischen Staat und Kirche hin. Es war eben keine bedingungslose Unterstützung. Angesichts der bischöflichen Zweifel an der Zusage Hitlers, den Staat auf eine christliche Grundlage zu stellen, muss man Bernings Erklärung als Vorleistung betrachten. Sie musste auf viele Katholiken, insbesondere im Emsland, irritierend wirken. Die tatsächliche weitere Entwicklung des Regimes musste diesen Eindruck verstärken. Ein Beispiel für seine nunmehr öffentlich bekundete Sicht bot sich ihm auf dem Bremer Katholikentag am 24. September 1933. Er beendete seine Rede mit den Worten: „Wir aber senden auch am heutigen Tage von dieser Versammlung zu unserem Papst nach Rom, dem Führer unserer Kirche, das Gelöbnis unserer Treue, und wir schauen zugleich nach Berlin, der Hauptstadt unseres Reiches, und senden auch dem bewährten, dem ehrwürdigen Ekkehard des deutschen Reiches, unserem Reichspräsidenten von Hindenburg und dem tatkräftigen jungen Führer Hitler das Gelöbnis unserer Treue und unserer Gefolgschaft. Ich bitte Sie, alle aufzustehen und mit mir einzustimmen in den Ruf: Unser Heiliger Vater, Papst Pius XI., der Führer unserer Kirche, und die Führer unserer Regierung, Reichspräsident von Hindenburg und Reichskanzler Hitler, sie leben hoch! hoch! hoch!“ Abschließend sang die Versammlung stehend die Papsthymne und das Deutschlandlied mit „erhobenem rechten Arm“. Unter Bernings Regie gelobten die Katholiken Bremens dem neuen Staat ihre besondere Treue. Je ein Ergebenheitstelegramm sandte man an Papst Pius XI., den Reichspräsidenten von Hindenburg und an Reichskanzler Adolf Hitler. Das Telegramm an Hitler lautete: „Von der aus Anlass des Heiligen Jahres heute stattfindenden Kundgebung senden Ihnen, Herr Reichskanzler, die Katholiken Bremens und Umgebung mit ihrem Bischof verehrungsvollen Gruß und geloben Einsatz ihrer ganzen Kräfte beim Neuaufbau des Staates zum Wiederaufbau unseres Volkes." Zeitgleich am 29. September 1933 offenbarte er vor seinen Priestern seine persönliche Skepsis: „Wo Gottes Wahrheit und Gottes Wille feststeht, da gibt es kein Schwanken, da heißt es streiten für Gott und sein Reich wie St. Michael. Da braucht es Starkmut, um Leiden zu ertragen für seine Überzeugung."

Der Pfingsthirtenbrief und das Konkordat waren ihm Richtschnur. So erinnerte er immer wieder an die von Hitler gegebene Zusage. Seine „Staatsnähe" ist nicht in einer NS-Gesinnung begründet, sondern in dem Bestreben, durch ein übermäßig kritisches Verhalten dem Staat gegenüber Hitler keinen Vorwand zu liefern, sich von seinen Versprechungen zu distanzieren. Er versuchte den Reichskanzler gewissermaßen für seine Interessen entsprechend dessen Zusage zu nutzen. Wenngleich die mögliche Weigerung des Staates, das Christentum und damit christliche Wertmaßstäbe zur Grundlage des Staates zu machen, die Konfliktlinie bildete, so brachte Berning mit seinen Bekundungen gleichsam eine Vorleistung, deren Erfüllung durch den Gesprächspartner tatsächlich auf sich warten ließ. Dass Hitler seine Versprechen nicht wahr zu machen gedachte, konnte der Bischof zu diesem Zeitpunkt noch nicht erkennen. Dass ein Reichskanzler so platt log, war auch nicht vorstellbar. Dies gilt insbesondere deshalb, weil ihm bei Übergriffen von Parteiseite auf die Kirche immer wieder bekundet wurde, dass es sich um untergeordnete Kreise handle, deren Tun im Zuge der Konsolidierung des revolutionären Prozesses beendet werde. Bernings nunmehrige Haltung war ein ernst gemeintes Angebot der Zusammenarbeit, das von der Zusicherung Hitlers bestimmt war. Umso erschrockener war er, wenn die staatliche Seite dieser Offerte in der Ernsthaftigkeit nicht entsprach. So sagte er auf der zweiten gesamtdeutschen Bischofskonferenz Ende August 1933 über Verhandlungen in Berlin: „Ich bin angelogen (worden) wie noch nie in meinem Leben!" Solche Er-

Kirchliches Amtsblatt
für die Diözese Osnabrück

49. Jahrg. Nr. 17. Osnabrück, den 8. Juni 1933. Band 19. Nr. 43.

Inhalt.

Art. 293.

Gemeinsamer Hirtenbrief der Oberhirten der Diözesen Deutschlands.

Die unterzeichneten Oberhirten des Deutschen Reiches entbieten der hochwürdigen Geistlichkeit und den Gläubigen ihrer Diözesen Gruß, Segen und Frieden im Herrn.

Geliebte Diözesanen!

Alljährlich, wenn wir Oberhirten der Diözesen Deutschlands uns an der Gruft des hl. Bonifatius in Fulda und am Grabe des hl. Korbinian in Freising versammeln, sind unsere Beratungen und Entschließungen geleitet von der Liebe zu Christus, dem Herrn, und von der Sorge um das Heil des katholischen Volkes. Da galt uns immer die Mahnung des Apostels: „Habet acht auf die Herde, in welcher Euch der Heilige Geist zu Bischöfen bestellt hat, die Kirche Gottes zu regieren, welche er mit seinem Blute erworben."[1] Nur ein einziges Ziel stand stets vor unseren Augen; jenes höchste Ziel, das der Völkerapostel Paulus in den Worten ausgesprochen hat: „Alles zu erneuern in Christus."[2]

Mit diesen Gedanken sind wir Oberhirten aller deutschen Diözesen in dieser ernsten Zeit der Umwälzung und Gärung am Grabe des hl. Bonifatius zusammengetreten. Nicht bloß nebensächliche Einrichtungen innerhalb unseres Volkslebens wanken und verschwinden, das Volksganze sucht nach einer neuen Grundlegung und einem staatlichen Ausbau, der sich vom bisherigen wesentlich unterscheidet. Auch der Einzelne erfährt dem Staate und Volke gegenüber eine Umwertung, die ihn vor schwerste Fragen und Aufgaben stellt und oft in einen Gegensatz zu seiner bisherigen Geisteshaltung bringt. Und all dieses Gären und Wogen vollzieht sich nicht bloß auf dem politischen und sozialen Gebiet, sondern brandet stürmisch bis an die Mauern der Kirche, sogar in das Kirchliche hinein.

[1]) Apg. 28, 28.
[2]) Eph. 1, 10.

Bei diesem Umsturz der Verhältnisse und Umschwung auch der Menschen halten wir deutschen Bischöfe es für dringend notwendig, uns grundsätzlich zu äußern und den Diözesanen Wegweisungen zu geben, die aus dem katholischen Glauben entspringen, aber auch Wünsche vorzutragen und Forderungen zu stellen, die unserem oberhirtlichen Gewissen und unserer aufrichtigen Liebe zum Volke und zur Kirche entstammen.

1. Wenn wir unsere Zeit mit der vergangenen vergleichen, so finden wir vor allem, daß sich das deutsche Volk noch mehr als bisher auf sein eigenes Wesen besinnt, um dessen Werte und Kräfte zu betonen. Wir deutschen Bischöfe sind weit davon entfernt, dieses nationale Erwachen zu unterschätzen oder gar zu verhindern. Wir erblicken im Gegenteil im Volk und Vaterland herrliche natürliche Güter und in der wohlgeordneten Vaterlandsliebe eine von Gott geschenkte, schöpferische Kraft, die nicht nur die Helden und Propheten des Alten Testamentes, sondern auch den göttlichen Heiland beseelte. Mit der ganzen Zärtlichkeit seines gottmenschlichen Herzens hing er an seinem Land und Volk und beweinte bitter das Verhängnis der hl. Stadt. Auch die Apostel vergaßen, bei aller Gegensätzlichkeit auf dem religiösen Gebiete, den Zusammenhang mit ihrem Stammvolke nicht, sondern erhofften immer noch Israels Heil, wenn auch erst in den fernsten Zeiten.[3]) Die Liebe zum Vaterland und Volk hat darum in der Christenheit auch, selbst in den Tagen blutigster Verfolgung, ihr natürliches Recht unvermindert bewahrt und bis in die Gegenwart hinein als etwas Pflichtmäßiges gegolten und als heiliges Sinnbild gedient. [illegible]an vom irdischen Vaterland flog immer wieder der christliche Blick zu jenem grenzenlosen Lande jen-

[3]) Röm. 11, 25 ff.

Abb. 11: Gemeinsamer Hirtenbrief der deutschen Bischöfe vom 3. Juni 1933

fahrungen musste er immer wieder machen. Mit diesem Amt stand ihm viel Ärger ins Haus.

Die schwierige Situation anlässlich der Juniverhandlungen 1934 um die katholischen Jugendverbände veranlasste Kardinal Bertram, Berning um Gespräche in Rom zu bitten. Diese fanden vom 30. August bis 4. September 1934 statt. Bei dem Osnabrücker Bischof hatten sich die Zweifel am Amt des Staatsrates verstärkt. Hierauf hatte schon Seegrün im Jahre 1973 in seinem Aufsatz über Bischof Berning und die katholischen Laienverbände hingewiesen. Der Bischof musste feststellen, dass die NS-Bewegung eine Entwicklung nahm, die er zunehmend nicht gutheißen konnte. Auch war dem Bischof bei den Verhandlungen im Juni 1934 über die katholischen Jugendverbände nicht entgangen, dass die Vertreter des Staates deutlich bemüht waren, dem Episkopat nicht in der Weise entgegenzukommen, wie es in Konsequenz des Konkordates erforderlich gewesen wäre. Die Anwesenheit der Parteivertreter und deren Erklärungen mussten Berning signalisieren, dass er mit seinen Vorstellungen scheitern werde, da die Partei und auch der Staat sich an einmal geschlossene Verträge nicht halten wollten. Sodann hatte er aus der Nähe in Berlin die Ermordung des Ministerialdirektors Erich Klausener, des Vorsitzenden der Katholischen Aktion Berlin, und anderer Katholiken erlebt und die Terrormethoden des Regimes kennengelernt. In der Presse wurde eine Kundgebung des Bischofs zur Volksabstimmung vom 19. August 1934 präsentiert, die er gar nicht bekanntgegeben hatte. Die Zweifel an der Beibehaltung des Amtes verstärkten sich erheblich. Anlässlich dieser Audienz bei Pius XI. fragte Berning den Papst, ob er das im Einvernehmen mit dem Apostolischen Nuntius und dem Vorsitzenden der Fuldaer Bischofskonferenz übernommene Amt eines Preußischen Staatsrates weiter beibehalten solle. „Der Papst fragte“, so Berning, „nach den Aufgaben und besonders danach, ob mir irgendwelche Verantwortung bei den staatlichen Gesetzen damit auferlegt werde. Als ich ihm erklärte, dass der Staatsrat keine Beschlüsse fasse, hielt er es für dringend geraten, dass ich die Stellung beibehalte, damit ein „Observer“ bei Verhandlungen, die für die Kirche von Wichtigkeit seien, zugegen sei.“ Berning wurde also vom Papst ausdrücklich aufgefordert, im Amt zu bleiben. Mit dieser Entscheidung gab er dem von Berning übernommenen Amt des Staatsrates die Aufgabe eines „Beobachters“, der frühzeitig über neue Entwicklungen im Verhältnis des Staates zur Kirche informieren sollte, damit man sich darauf einstellen konnte.

Im Vatikan verdichtete sich im Jahre 1936 die Auffassung, dass nach dem Scheitern der Verhandlungen über die Konkor-

Abb. 12: Papst Pius XI. 1922–1939

datsausführungen nach Art. 31 RK ein Verbleib Bernings im Amt des Staatsrates nicht mehr erwünscht sei. Dies sah der Vorsitzende der deutschen Bischofskonferenz, Kardinal Bertram, naturgemäß anders, denn er benötigte ihn weiterhin für seinen Kurs von Verhandlungen und Eingaben an die Regierung. Der Osnabrücker Bischof hatte ein ausgezeichnetes Geschick im Verhandeln und im Gegensatz zu Gröber, dem Erzbischof von Freiburg, nie das Vertrauen des Episkopates verloren. Bertram drängte Berning dazu, das Amt nicht aufzugeben, weshalb es dieser auch nicht tat. Eine neue Situation bot sich Berning im Januar 1937. Berning wurde trotz Empfehlung Bertrams zur Vorbereitung der Enzyklika „Mit brennender Sorge" nicht nach Rom eingeladen. Diese Nichtberufung deutete er als Kritik an seinem Verbleib im Staatsratsamt. Daraus zog er den Schluss, Bertram müsse über die Mitgliedschaft im Staatsrat entscheiden. Diese Bitte stellte er inzwischen zum dritten Mal. Der Konferenzvorsitzende aber war keineswegs gewillt, dem Wunsch zu entsprechen und bat ihn dringend, im Amt zu bleiben. In der Tat war Berning dem Vorsitzenden unersetzbar. Eine Rückgabe des Staatsratsamtes musste den Verhandlungskurs Bertrams und damit zugleich auch dessen Position erheblich schwächen.

Obwohl manche Gläubige des Osnabrücker Bistums die Mitgliedschaft Bernings im Staatsrat respektierten, weil man mit Recht glaubte, der Bischof bekleide dieses Amt, um „etwas für die Kirche herauszuholen", so muss allerdings auch gesehen werden, dass andere Teile diesem Nebenamt angesichts der kirchenfeindlichen Propaganda und der kirchenpolitischen Maßnahmen des Regimes skeptisch gegenüberstanden. Berning wie auch der Gesamtepiskopat spürten die schwierige Situation des Osnabrücker Oberhirten, die im Kern eine Frage seiner Glaubwürdigkeit geworden war. Auch für Bertram galt das: „Euer Bischof tut mir leid mit diesem Posten, aber er soll ihn werten als Vertrauensbeweis seiner Kirche." Trotz dieser für Berning äußerst schwierigen Lage sah der Bischof auch jetzt keine Möglichkeit, sich Bertrams Forderungen zu entziehen, obwohl er es beabsichtigte. Zwar hatten sich seine Bedenken verstärkt, dennoch teilte er im Ergebnis die Auffassung des Breslauer Kardinals von der Notwendigkeit, den Verhandlungskurs zumindest nicht zu torpedieren und die damit verbundene Mitgliedschaft im Staatsrat aufrechtzuerhalten. Es ist nicht etwa eine Loyalität dem Staat gegenüber, die ihn weiterhin in der Mitgliedschaft des Staatsrates beließ, sondern die gegenüber dem Vorsitzenden der deutschen Bischofskonferenz und den Mitgliedern des Episkopates.

Im April 1938 bei seinem Ad-limina-Besuch in Rom stellte Berning erneut sein Amt als Staatsrat zur Disposition. Auf die Frage Bernings nach seinem Verbleib im Staatsrat, die er nur nach dem Willen des Papstes entscheiden wolle, sagte dieser nach den Aufzeichnungen des Bischofs: „[...] das sei eine Sache von großer Wichtigkeit und müsse darum wohl überlegt werden. Privatim vertrete er den Standpunkt, dass man auf seinem Posten ausharren müsse, auf den man gestellt sei. Er wolle keine Entscheidung sofort treffen, sondern gab mir anheim, eine schriftliche Darlegung über die Gründe dafür und dagegen zu machen und diese ihm oder dem Kardinalstaatssekretär zu überreichen.“ Diese Äußerung des Papstes unterschied sich von dessen Anweisungen Berning gegenüber im September des Jahres 1934 erheblich, als Pius XI. das Verbleiben Bernings im Staatsrat mit dem Hinweis auf den „observer“ verlangte. Im Jahre 1938 erklärte er sich in der Frage wesentlich zurückhaltender. Berning fertigte das gewünschte Memorandum an und übergab es Pacelli, der es in Gegenwart Bernings billigte und anschließend dem Papst vorlegte. Leider ist dieses Schriftstück bislang unauffindbar. In einem Schreiben nahm der Papst in der Sache Stellung. Danach vertrat er in der Frage der Rückgabe des Staatsratsamtes die Auffassung, „dass der Hl. Stuhl die ganze Angelegenheit dem Ermessen des deutschen Episkopates überlasse“. Damit lag sie wieder bei Bertram. Dieser stellte sie erwartungsgemäß im Episkopat aber nie zur Diskussion oder gar zur Abstimmung. Berning forderte sie – wohl mit Rücksicht auf Bertram und entsprechend seiner eigenen Überzeugung, damit im Interesse der Kirche zu handeln – auch nicht. Wahrscheinlich hielt er eine ausdrückliche Zustimmung des Episkopates zum Verbleib im Amt des Staatsrates auch nicht für erforderlich, da ohnehin mit einer negativen Entscheidung der Fuldaer Bischofskonferenz nicht zu rechnen war. Das Amt des Preußischen Staatsrates, das er im Auftrag der Bischöfe und des Papstes übernahm, wurde ihm im Laufe der Zeit, in der Hitler immer mehr sein wahres Gesicht zeigte, zu einer zunehmenden Bedrängnis, fand aber nicht die Kraft, es gegen den Willen Bertrams und des Episkopates zurückzugeben..

3. Von der Staatsnähe zur Anklage – Die Predigten ab Frühjahr 1934

Ein Vergleich der Predigten Bernings aus dem Jahre 1934 mit denen des Jahres 1933, insbesondere der Silvesterpredigt 1933, zeigt einen Bischof, der deutlich in eine Frontstellung gegen das NS-Regime geraten ist. Seine Einlassungen gegenüber dem Staat werden unduldsamer, sie nehmen weniger Rücksicht auf dessen Belange. Die Jugendpredigt vom Mai 1934 setzt erste wesentliche Akzente. Ein für Berning tiefgreifendes Ereignis hatte zu diesem Wandel geführt. Um die Veränderung wirklich zu begreifen, muss man sich noch einmal vor Augen führen, dass der Bischof im Jahre 1933 – gleichsam als Vorleistung – sich im Vergleich zu anderen Bischöfen übermäßig positiv zum Staat gestellt hatte. Wenngleich er noch im September 1933 nach dem Konkordatsabschluss Zweifel hegte, vertraute er Hitler doch so weit, dass dieser seine Zusagen einlösen werde, den Staat auf eine christliche Grundlage zu stellen. Einen anderen und bedeutenderen Gewährsmann als Hitler gab es nicht. Gewissermaßen war er mit seinem Konzept des Verhältnisses von Staat und Kirche auf ihn angewiesen. Zugleich wollte er seinerseits keinen Anlass geben, dass Hitler von seinen Versprechen abrücken könnte. Da trat ein Ereignis ein, dass Berning die Verlogenheit Hitlers klar vor Augen führte. Dieses versetzte seinen Hoffnungen einer gedeihlichen Zusammenarbeit von Staat und Kirche einen schweren Schlag und hatte eben einen entschiedeneren Abwehrkurs des Bischofs im Verein mit den Bischöfen der westdeutschen Bistümer zur Folge. Es war die Ernennung Rosenbergs zum Schulungsleiter der Partei zum 24. Januar 1934. Hitler hatte am 26. April 1933 Berning gegenüber ausdrücklich bekundet, dass Rosenberg kein Parteimann und der „Mythus" eine Privatmeinung sei. Er, Hitler, halte selbst nichts davon. Er vertrete das Christentum und sehe dessen heilsbringende Kraft für das deutsche Volk. Und nun das! Hitler strafte sich selbst Lügen. Alle Zusagen waren Schall und Rauch. Ein Weiter so war nicht möglich.

All dies erfuhr der Osnabrücker Bischof auf dem Konveniat der westdeutschen Bischöfe, das vom 18.-19. Februar 1934 tagte. Die Ereignisse auf dieser bischöflichen Konferenz belegen, wie empört und verletzt der Osnabrücker Bischof war. Berning schätzte die Ergebnisse der Konferenz außerordentlich: „Nochmals danke ich Ew. Eminenz dafür, dass Sie die Bischöfe der Kölner Kirchenprovinz einberufen haben, die nach jeder Richtung hin sehr fruchtbar verlaufen ist." Was war geschehen? Konferenzvorsitzender war Kardinal Schulte von Köln. Er be-

Abb. 13: Alfred Rosenberg, Verfasser des „Mythus des XX. Jahrhunderts“

richtete dem Plenum der Bischöfe über seine Zusammenkunft mit Hitler am 7. Februar 1934. Danach war es ein unerfreuliches Gespräch. Schulte wies Hitler auf das Buch „Mythus des XX. Jahrhunderts“ von Rosenberg hin, das von antichristlichem Geist triefte. Hitler äußerte sich wie schon Berning gegenüber ein Jahr zuvor sogleich dahingehend, dass Rosenberg als Privatmann geschrieben habe und nichts mit der Partei zu tun habe. Schulte wandte demgegenüber ein, dass Hitler genau diesen Rosenberg zum Schulungsleiter der Partei ernannt habe. Es sei also kein Privatbuch und Rosenberg kein Privatmann. Hitler: „Jawohl, ich identifiziere mich mit Herrn Rosenberg, aber nicht mit dem Verfasser des Buches „Mythos“ (sic). Diesen geistigen Windungen konnte Schulte nicht folgen, erhob weitere Einwände, worauf Hitler das Gespräch zu diesem Thema abbrach. Nunmehr erschienen auch andere antikirchliche Aktionen von Gliederungen der NSDAP in einem neuen Licht. Wie Hitler tatsächlich Rosenberg einschätzte, ergibt sich aus der Tagebuchaufzeichnung Rosenbergs vom 11. August 1936: „Es ist mir schwer", so Hitler, „Ihnen gerade dies zu sagen: aber wenn mich jemand nach Ihnen fragt, so sage ich, dass Sie der tiefste Kopf der Bewegung sind. Sie sind der Kirchenvater des Nationalsozialismus." Berning hatte das Protokoll der besagten Tagung zu schreiben. Es fiel wegen der Empörung des Bischofs in einer Weise scharf aus, dass Schulte es nicht herausgeben wollte und Generalvikar David bat, es zurückhaltender zu formulieren: „Herrn Generalvikar mit der Bitte, den Protokollentwurf genau durchzusehen. M. E. müssen manche Dinge viel vorsichtiger formuliert werden." Der berningsche Protokolltext ist nicht erhalten geblieben.

Gleichwohl führte der Vorgang nicht zu einer öffentlichen Distanzierung Bernings von Hitler. Das war nicht möglich, weil die Zeitumstände dies nicht zuließen und er, Berning, weiter die Verhandlungen mit der Reichsregierung etwa über die Vereine fortführen sollte. Außerdem engagierte er sich für viele Menschen, die unter dem Schrecken der Nationalsozialisten zu leiden hatten. Der Handlungsspielraum Bernings war also – stärker als bei anderen Bischöfen – begrenzt. Er fuhr daher einen doppelgleisigen Weg: Er verschärfte in Absprache mit den anderen Bischöfen des westdeutschen Konveniats seine Predigten, die er in der Öffentlichkeit hielt, und versuchte darüber hinaus das Verhältnis zu Hitler seinerseits zunächst nicht über das gegebene Maß hinaus zu verschlechtern. Diese Strategie war kein einsamer Beschluss des Bischofs gewesen, sondern im Episkopat abgestimmt. Die Predigtinhalte beteiligter Bischöfe nach dem westdeutschen Konveniat vom Februar 1934 gleichen sich so sehr, dass eine solche Absprache naheliegt. Darauf weist auch das Protokoll hin. Galen etwa veröffentlichte seinen Hirtenbrief Ostern, Kardinal Schulte am 1. März 1934 und Berning hielt eine Jugendpredigt im Mai 1934 – alle mit denselben Inhalten. Zwar ist die galensche Osterpredigt mithin kein Alleinstellungsmerkmal, dennoch hatte Galen diese Entwicklung entscheidend angestoßen, wie das Protokoll ausweist. Galen legte ein Papier zum „Totalitätsanspruch" des NS-Staates vor. Die Stoßrichtung war zudem gegen die deutsche Glaubensbewegung und das Buch von Rosenberg gerichtet. Die Bischöfe forderten die Beachtung der Zehn Gebote und wiesen den Rassismus zurück. Mit seinem Appell für die Schwachen richtete Berning sich auch gegen das Sterilisationsprogramm des Staates. Es findet sich schon hier die theoretische Grundlage für die spätere Euthanasiekritik. In der öffentlich erhobenen Forderung nach Sittlichkeit und ihrer Begründung in den Zehn Geboten zeigt sich ein Einsatz Bernings für die Menschlichkeit überhaupt. Die Predigt des Osnabrücker Bischofs musste wegen der vielen Zuhörer zusätzlich auf den Domhof übertragen werden. Der Dom konnte die Menschenmenge nicht fassen.

Auf der Diözesankonferenz des Jahres 1934 legte Berning den Geistlichen am 14./15. Mai seine Einschätzung der kirchenpolitischen Lage dar: „[...] die Zeiten sind ernst und die Sorgen groß; [...] Der deutsche Gesamtepiskopat zeigt eine geschlossene Einheitlichkeit in allen bedeutsamen Zeitfragen, zeigt auch unverbrüchliche Treue und Anhänglichkeit dem Heiligen Stuhle gegenüber. Zwar hat man versucht, die Einheitlichkeit zu stören; das wird aber niemals gelingen. Erfreulichen Eifer zeigt der Klerus. Nur keine Resignation! Gesunder Optimismus muss bleiben. Die Frage ist jetzt, wie unter den zeitgegebenen Verhältnissen das Beste zu erreichen sein wird." Am 21. Mai 1934 hatte Berning eine Audienz beim Papst. Die zeitliche Abfolge macht deutlich, dass der Bischof nicht etwa durch vatikanische Forderungen zu seiner kritischeren Position in der Öffentlichkeit gefunden hatte. Gleichwohl bestärkte ihn der Papst in seinem Kurs gegenüber dem Nationalsozialismus. Bei der Gelegenheit berichtete der Bischof dem Hl. Vater auch von der beeindruckenden Glaubenskundgebung der Jugend am 13. Mai im Osnabrücker Dom, wie er es in der Predigt angekündigt hatte, und übergab ihm seine Schrift „Katholische Kirche und deutsches Volkstum". Zeitgleich übersandte er auch Hitler ein Exemplar dieser Schrift „als Zeichen meiner Verehrung".

Das Jahr 1934 stand für Berning unter dem Gedanken der „Universalität des Christentums" gegen ein „rassistisch verstandenes Germanentum". Seine Überlegungen führte er aus in seiner Schrift „Katholische Kirche und deutsches Volkstum", in einem gleichnamigen Vortrag in der Universität Hannover und in seinen Predigten dieses Jahres. Die Kirche sei, so Berning, „Lehrmeisterin und Sittenrichterin, gestützt auf ihre Autorität als Repräsentantin der ewig lebendigen Person Jesu Christi". Die Kirche weiß „um den Hang zum Bösen, um die Tatsache von Sünde und Erlösung. Sie weiß um diese Dinge im Lichte der Glaubenslehre von der Erbsünde, sowie durch ihre lange Erfahrung in der Beurteilung der nüchternen Wirklichkeit. Aus solchem Wissen heraus geht die Kirche in Opposition gegen jene Auffassung, die unter Hintansetzung des christlichen Sittengesetzes alles Volkhafte ohne Unterschied heiligsprechen möchte." Die Kirche müsse, so Berning, die religiösen Ziele unverrückbar vor Augen haben. Sie sei bereit, „mit allen Mächten Freundschaft zu halten und zusammenzuwirken, die ihr die Freiheit in der Ausübung ihres Berufes, als der von Gott bestellten Pflegerin von Sitte, Gewissen und Wahrheit gewährleistet". Besonders hervorzuheben ist in diesem Zusammenhang auch die Silvesterpredigt von 1934. Unter dem Thema: „Einer ist euer Lehrer, Christus" – schon das Thema ein Affront gegen Hitler – ergibt sich nach Berning für die Christen die Aufgabe, „mit den Waffen des Glaubens in diesen Kampf der Gegenwart einzugreifen. Keine Schmähung gegen Personen, keine Verhetzung der Volksmassen, sondern klare Schulung und Schärfung des Geistes, Stärkung des Willens, nicht zuletzt Festigung des Vertrauens auf Gottes Gnade". Dies blieb sein Maßstab der Beurteilung und öffentlichen Äußerung. Unter der Devise „Klarheit tut not." stellte Berning die Christologie und die Gotteslehre des Christentums dar und mahnte mit Paulus: „Wir sollen nicht mehr unmündige Kinder sein, die sich vom Windhauch jeder Lehrmeinung schaukeln und umhertreiben lassen, durch das Trugspiel der Menschen und die Verführungskünste des Irrtums." Dann fuhr er fort: „Was soll es nun heißen, wenn man diesen Gottesglauben bis zur Vernichtung zu bekämpfen unternimmt, wenn man ihn schon aus den Herzen der Jugendlichen reißt, um einen anderen, einen germanischen Gottesglauben an die Stelle zu setzen? Man fordert einen deutschen Gott, der im deutschen Volk zu Geburt und zum Selbstbewusstsein kommt, einen Gott, der gar nicht existiert, sondern als leere Idee aus Blut und Rasse konstruiert wird. Hier steht Credo gegen Credo. Wem wollt ihr glauben? Den modernen Propheten oder der ewigen Wahrheit, Jesus Christus?" Der Bischof forderte die Gläubigen auf, den christlichen Glauben zu bewahren: „Für die Erhaltung des christlichen Glaubens in unserer Familie und in unserem Volke wollen wir kämpfen und, wenn es sein muss, auch leiden und sterben. Für diesen Kampf um den christlichen Glauben wollen wir auch unsere Jugend ausrüsten." Im weiteren Verlauf der Predigt attackierte der Bischof das Sündenverständnis des sogenannten Neuheidentums. „Davon", so Berning, „will man in der Deutschreligion der modernen Propheten nichts wissen. Sünde sei Gefühlssache, sei Synagogenphantasie. Freilich wer einen persönlichen Gott und sein Gesetz leugnet, der kann keine Sünde gegen ihn anerkennen, der weiß nur von einer Sünde gegen Blut und Rasse." Der Bischof band die Sünde an die Sittlichkeit des Menschen: „Sittliche Aufgabe des Menschen ist es, die Gebote Gottes anzuerkennen und im freien Ja zu erfüllen. Der Mensch kann aber die Ordnung Gottes ignorieren und sich selbst seine Lebensordnung konstruieren. Dann will er sein wie Gott. Das ist die Sünde, die Auflehnung gegen Gott. [...] Ja, Geliebte, die Sünde ist nicht eine Phantasie, sondern ist eine Wirklichkeit." Abschließend konfrontierte der Bischof die Gläubigen mit der „Nächstenliebe", wie das Neuheidentum sie verstand, und setzte die christliche Forderung der Caritas dagegen: „Die Vertreter der neuen Deutschreligion werfen dem Christentum vor, es habe unter Liebe nur Mitleid mit den Schwachen und Kranken verstanden und geübt. Das sei ein Unglück für die nordische Menschheit geworden; für diese seien Ehre und Pflicht die höchsten Güter, worauf das wahre Heldentum beruhe." Dazu meinte Berning vorausschauend: „Es stünde schlimm um unser Volk, wenn die barmherzige Liebe, die sich auch der körperlich und seelisch Schwachen und Kranken annimmt, ausgerottet würde und nur für die Gesunden und Starken gesorgt würde. Sie soll jedem zuteil werden. [...] Christus ist uns der Lehrer der Liebe. Er schärft uns das Gebot ein: Du sollst den Herrn, deinen Gott, lieben, du sollst den Nächsten lieben wie dich selbst. [...] So soll unsere Liebe allen Menschen gehören. Sie soll nicht durch Stand und Konfession, durch Rasse und Partei ihre Schranken haben." Abschließend forderte er die Gläubigen zur Christustreue auf. Es ging ihm angesichts zunehmender Unterdrückung um eine Sicherung der katholischen Glaubensgemeinschaft, die in der Nächstenliebe einen universalen Anspruch hat. Darin sind, ohne sie direkt zu nennen, auch die Juden inbegriffen. Wie sehr Berning die Nationalsozialisten inzwischen durchschaut hatte, zeigen gerade seine Worte zur Nächstenliebe. Hitler war der Meinung, ein „völkischer Kampf" könne nicht mit einer Morallehre betrieben werden, die Feindesliebe und Sanftmut predige.

Die Silvesterpredigt von 1934 fand überregionalen Widerhall. Die „Germania", eine ehemalige Zentrumszeitung, gab sie „wegen ihrer großen Bedeutung" in vollem Wortlaut wieder. Unter dem Titel: „Kampf mit den Waffen des Glaubens" kommentierte sie: „Bischof Dr. Berning hielt im Osnabrücker Dom eine Silvesterpredigt, die [...] nicht nur bei der katholischen Bevölkerung Osnabrücks, sondern weit darüber hinaus das größte Interesse verdient." In Auszügen machte der „Osservatore Romano" seinen Lesern mit den Ausführungen Bernings vertraut. Auch „Der Deutsche Weg", Zeitung der deutschen Auslandskatholiken in Holland, hatte sie in Auszügen zur Kenntnis genommen. Die NS-kritische Zeitschrift „Der Deutsche in Polen" titelte: „Bischof Dr. Bernings Notruf". Sie sah in den Ausführungen Bernings eine Stellungnahme „mit außerordentlicher Entschiedenheit gegen die in Rosenbergs Buch, dem ‚Mythus des 20. Jahrhunderts', vorgebrachten Lehren". Der Bericht der Osnabrücker Stapo-Stelle zitierte aus der Predigt jene Passagen, in denen vom „Sturmangriff auf das Christentum" die Rede ist, und bemerkte, dass die „vorstehenden Ausführungen des Bischofs [...] in vielen deutschen Zeitungen und auch in der ausländischen Presse wiedergegeben" worden seien. Besonders verärgert zeigten sich die NS-Zeitschrift „Flammenzeichen": „Bisher hielt man den Bischof Berning von Osnabrück immer als einen derjenigen, die dem nat.-soz. Staat am sympathischsten gegenüberstehen, ist er doch Mitglied des Preußischen

Staatsrates. […] Wenn Herr Bischof Berning schon so sprechen wollte, dann hätte er dies doch aus nationalpolitischen Gründen nicht tun dürfen wenige Tage vor der Saarabstimmung. Diese Tatsache ist so unerhört und unglaublich, dass sie vor aller Öffentlichkeit und vor der Geschichte niedriger gehängt werden muss. […] Die ‚Predigt' Bernings bedeutete, dass die Vorwürfe der Separatisten als zutreffend angesehen werden müssen."

Im Hirtenwortentwurf des westdeutschen Bischofskonveniats vom August 1938, an dessen Formulierung Berning mindestens erheblich beteiligt war, wenn er ihn nicht gar selbst vorgelegt hat, heißt es im Sinne der Silvesterpredigt 1934: „Jeder Mensch zählt zu der einen, großen, allumfassenden Menschenfamilie; jeder stammt von dem einen gemeinsamen Stammvater und der gleichen Ahnfrau; jeder ist ein Spross des Ehebundes, den Gott selbst im Paradies begründet hat. Wäre es darum nicht besser, […] nur von einer einzigen Menschenrasse oder besser von einer einzigen Menschenart zu sprechen und das, was man Rasse nennt, als Unterart oder Unterrasse zu bezeichnen, um schon durch den Ausdruck hervorzuheben, dass alle Menschen derselben Art, nämlich dem einen Menschengeschlechte angehören?" Weiter heißt es er gegen die „Rassenpflege" der Nationalsozialisten: „Man erklärt: Was immer man tut, um die Lebenskraft der Rasse und die Reinheit des Blutes zu pflegen, ist ohne weiteres sittlich erlaubt. Geliebte, sittlich erlaubt ist, was der allerhöchsten Vernunft und Sittlichkeit, dem allheiligen Gott und seinem allbeherrschenden Willen entspricht. Er ist der Herr der Menschen, Völker und Rassen. Darum ist es eine Umkehrung der Sittlichkeit und aller Ordnung, wenn man sagt: Gut ist, was der Rasse dient. Nein, gut ist, was Gott wohlgefällig ist, weil Gott die ewige Weisheit, Ordnung und Sittlichkeit selber ist." Die inzwischen äußerst kritischen Einlassungen Bernings führten im Jahre 1937 im Zusammenhang eines Verfahrens gegen Pfarrer Jansen von Nordwalde zu Nachfragen des Oberstaatsanwaltes (Sondergericht Dortmund) bei der Stapo Münster, ob schon gegen Bischof Berning von Osnabrück ermittelt werde. Da das noch nicht geschehen war, brachte er diesen Vorgang dem Reichsjustizministerium in Berlin zur

Kenntnis. Die Ernennung Rosenbergs zum Schulungsleiter der Partei, von der Berning Ende Februar 1934 erfuhr, ließ ihn in steigendem Maße von seiner kooperativen Haltung der zweiten Hälfte des Jahres 1933 Abstand nehmen. Anklage bestimmte fortan zunehmend seine öffentliche Predigttätigkeit.

4. Begegnung mit Adolf Hitler

Berning war zu zwei Zusammenkünften bei Hitler. Die erste fand statt am 26. April 1933 knapp zwei Monate nach den Wahlen. Es ging darum, nach Hitlers Zusage am 23. März 1933, den Staat auf ein christliches Fundament zu stellen, auf dieser Grundlage gegenseitigen Respekt anzustreben. Zur Klärung all der Fragen hatte sich die Konferenz der Vertreter der Kirchenprovinzen in Berlin eingefunden, deren Leiter Bischof Berning war. Die Zusage Hitlers war für die Bischöfe deshalb von großem Belang, weil sie die Nationalsozialisten vor den Wahlen in den Jahren 1931 bis 1933 erheblich bekämpft hatten und diese dennoch vom Volk in den Wahlen vom 5. März 1933 mit 43,9% den Sieg davon getragen hatten. Sie ermöglichte ihnen überhaupt, sich den politischen Realitäten in prinzipiell kooperativer Weise zu nähern. Gleichwohl hatten die Bischöfe erhebliche Zweifel, ob Hitler seinen Worten Taten folgen lassen werde. Ein Gespräch mit dem Reichskanzler sollte deshalb Klärung bringen. Berning handelte nicht aus eigenem Antrieb, sondern verstand sich selbst als Vertreter des Episkopates. Er war beauftragt von der Konferenz der Vertreter der Kirchenprovinzen. Entsprechend der katholischen Staatsrechtslehre trug Berning Hitler vor, der Episkopat erkenne „prinzipiell den jetzigen Staat an". So hätten sie sich immer verhalten und so würden sie es auch jetzt tun. Man werde die Gläubigen zu Gehorsam und Ehrfurcht anhalten. Sodann bekundete der Osnabrücker, die deutschen Bischöfe begrüßten, dass der neue Staat das Christentum fördern, die Sittlichkeit heben wolle und den Kampf gegen „Bolschewismus und Gottlosigkeit" mit Energie führe. Damit bezog sich der Konferenzvorsitzende auf Hitlers Erklärung vom 23. März 1933. Berning hob anschließend jene Punkte hervor, die aus Sicht der katholischen Kirche Anlass zur Kritik gaben. Dazu zählte er insbesondere die volle Freiheit über die Anstellung der Priester, die Ausübung des Gottesdienstes und die Seelsorge. Weiter betonte er die Notwendigkeit der Freiheit der katholischen Schule und die der katholischen Vereine. Abschließend wies Berning Hitler hin auf „den Abbau von Beamten wegen der katholischen Weltanschauung mit ihrer bisherigen Zentrumsbetätigung“. Hitler äußerte nur Gutes über die Bischöfe und die Kirche, verzeichnet Berning als Antwort des Reichskanzlers. Hitler, so Berning „sprach mit Wärme und Ruhe, hie und da temperamentvoll.“ Da das Thema „Rassenfrage“ in einer Kommission behandelt werden sollte, äußerte sich Berning zu dieser von Hitler aufgeworfenen Frage nicht. Das Protokoll der Konferenz deutet an, in welche Richtung eine Lösung angedacht werden konnte. Diese entsprach der damaligen kirchlichen Lehre über die Juden: „Die Judenfrage wird insofern berührt, als zwar dem Staat begrenztes Recht zugesprochen wird, andererseits eine Unterscheidung der Menschenrechte nach dem Prinzip der Rasse abgelehnt wird.“ (Stasiewski I, S. 88) Auch erklärte Berning sich nicht zu Hitlers Einlassungen zum Christentum. Hitler lehne, so in den Aufzeichnungen Bernings, die neuheidnischen Glaubensbewegungen von Ludendorff und den Mythus des XX. Jahrhunderts von Rosenberg ab. Das Buch Rosenbergs sei lediglich eine Privatmeinung. Außerdem sei Rosenberg Protestant. „Es ist kein Parteibuch. Es ist nicht geschrieben von ihm als Parteimann. Die Protestanten mögen sich mit ihm auseinandersetzen.“ Die Erklärungen Hitlers zu Rosenberg sind deshalb von besonderer Bedeutung, weil die Stellung Rosenbergs in der Partei zu Beginn des Jahres 1934 zu einem schärferen Kurs der Bischöfe gegenüber dem Nationalsozialismus führte. Berning gab keine kirchliche Position preis und es gab auch keine falsche Anbiederung an Hitler, um auf solche Weise Zugeständnisse zu erreichen. Berning ging es ausschließlich darum, dem Reichskanzler die Positionen des Episkopates nahezubringen – in dem Gespräch ohne eigene Wertung. Wenn Kritiker zuweilen den Eindruck erwecken, als habe der Osnabrücker Bischof das NS-Regime ersehnt, so beruht das auf einem falschen Verständnis der Quellen. Danach ging Hitler auf das Verlangen der Bischöfe ein, forderte aber, sich nicht in politische Belange einzumischen. Die Tendenz war auch hier schon, die Bischöfe möchten sich auf den religiösen Bereich beschränken. Dass Hitler seinen Gesprächspartner belog, konnte Berning noch nicht wissen.

Nach ähnlichem Muster verlief auch die zweite Audienz Bernings bei Hitler am 27. Juni 1934 anlässlich der Verhandlungen über die Ausführung des Artikels 31 RK, in dem es um die Existenz der katholischen Vereine ging. Die Verhandlungen wurden auf staatlicher Seite von Vertretern des Reichsinnenministeriums geführt. Im Zuge dieser Verhandlungen schien es den Vertragspartnern auf staatlicher Seite im Interesse eines für sie günstigen Verhandlungsergebnisses angebracht, den kirchlichen Vertretern ein Gespräch mit Hitler anzubieten. Dadurch erhofften sie sich größere Zugeständnisse der anderen Seite. Berning war begleitet von den Bischöfen Gröber von Freiburg und Bares von Berlin. Der Osnabrücker bekundete, die Bischöfe hätten sich auf den Boden des neuen Staates eingestellt und das Konkordat begrüßt. Große Sorgen aber plagten sie, ob das Konkordat auch in allen Punkten durchgeführt werde. Berning betonte die Freiheit der Lehrverkündigung, die berechtigte Abwehr religionsfeindlicher Angriffe, die Gewissensnot der Katholiken in staatlichen Verbänden durch die antireligiöse Propaganda, das kulturkämpferische Streben mancher untergeordneter Kreise, die Angriffe auf die Ehre kirchlicher Personen. Für die katholischen Vereine forderte er Freiheit in ihrer Tätigkeit. Hitler solle ein klares und offenes Wort gegen die antikirchliche Propaganda erlassen. Dieser sagte das zu und verlangte wie schon im Jahr zuvor, dass sich die Kirche nicht in politische Angelegenheiten von Staat und Partei einmischen dürfe. Er werde die Kirche schützen. Wie schon im April 1933 war auch jetzt die Neigung feststellbar, die Kirche auf den rein kirchlichen Bereich zu beschränken. Ähnliches hatten die Bischöfe als Verhandlungspartner des Innenministeriums bei den Gesprächen über die Vereine nach Art. 31 RK festgestellt. Das offene Wort Hitlers gegen die antikirchliche Propaganda wurde zwar formuliert, dann aber nicht veröffentlicht. Auch das musste Berning zur Kenntnis nehmen.

Zum zweiten Mal musste Berning feststellen, dass auf den Reichskanzler kein Verlass war. In Hitlers Antwort findet sich dieselbe Grundstruktur wieder, die auch schon ein Jahr zuvor im Gespräch mit Berning festzustellen war: Hitler bot einerseits der Kirche seinen Schutz an, entsprach somit in dem, was er sagte, den Vorstellungen der kirchlichen Vertreter und verpflichtete die Bischöfe andererseits zur Zurückhaltung gegenüber den Maßnahmen des Staates. Solange sie Hitler glaubten, waren sie Gefangene seiner Taktik. Trotz seiner inzwischen festzustellenden Skepsis gegenüber Hitlers Zusagen setzte Berning noch immer auf den Reichskanzler als jemanden, der ein gutes Einvernehmen von Kirche und Staat wolle: „Kanzler will keinen Kulturkampf, aber die untergeordneten Stellen." Dieser Hinweis Bernings auf den Kulturkampf rührt an die traumatischen kirchengeschichtlichen Erfahrungen des 19. Jahrhunderts. Vor einem Kulturkampf mit weitreichendem Zusammenbruch der Seelsorge hatten die Bischöfe Angst. Sie befürchteten eine ähnliche oder noch schlimmere Verfolgung der Kirche und des kirchlichen Lebens. Manche Äußerungen des Bischofs aus dem Jahre 1935 zeugen von diesem Trauma. Die Erinnerung an den Kulturkampf, den etwa Bertram noch erlebt hatte, ließ sie immer wieder an Hitler appellieren. Berning erkannte zu diesem Zeitpunkt noch nicht, dass das NS-Regime weit gefährlicher war als Bismarcks Kaiserreich. So herrschte auch auf der Fuldaer Plenarkonferenz vom 5.-7. Juni 1934 – also drei Wochen vor dem Gespräch Bernings mit Hitler – eine günstige Beurteilung Hitlers vor. Auch in diesem Gespräch mit Hitler vertrat Berning kirchliche Positionen und gab keineswegs nach. Obwohl die Bischöfe die von Berning erzielten Verhandlungsergebnisse ablehnten, wurde ihm von der Bischofskonferenz ausdrücklich für seine gute Verhandlungsführung gedankt, während Bischof Gröber von Freiburg abberufen wurde. Berning zeigte sich in den Verhandlungen in der Einschätzung der staatlichen Seite als der „unnachgiebigste unter den drei verhandelnden Bischöfen".

Da der „Röhmputsch“, die Ausschaltung der SA und konservativer Gegner des Regimes, am 30. Juni 1934 zeitgleich mit der Anwesenheit Bernings in Berlin anlässlich der Verhandlungen stattfand, sei in diesem Zusammenhang die Reaktion der anwesenden Bischöfe vorgestellt. Die Aktionen gegen die SA richteten sich in erster Linie gegen die innerparteiliche Opposition um Röhm. Hitler selbst nahm Röhm fest, ließ ihn schließlich erschießen und viele seiner Anhänger im gesamten Reichsgebiet ermorden. Zugleich wurden Teile der konservativen Opposition getötet. Dazu gehörten von katholischer Seite beispielsweise Edgar Jung, der Berater von Papens, Ministerialdirektor Erich Klausener oder auch der Reichsführer der DJK Albert Probst. Erich Klausener wurde am 30. Juni 1934 auf Befehl des Chefs des Gestapa, Heydrich, erschossen. Diese Morde richteten sich direkt gegen die katholische Kirche, so empfanden es die Bischöfe. Am selben Abend waren in der Bischöflichen Kurie des Bistums Berlin der Nuntius Orsenigo, Erzbischof Gröber, Bischof Berning, Bischof Bares, Generalvikar Steinmann und Domvikar Adolph versammelt. Adolph berichtete von seinen Informationen, die er von Frau Klausener und Staatssekretär König erhalten hatte. Unter dem Eindruck der Tatsachen meinte der Nuntius: „C’est soviétique“, Bischof Bares: „Der Schuss auf Klausener war der Schlusspunkt unserer Konkordatsverhandlungen.“, und Berning: „Bolschewismus“. Zu dieser Bemerkung Bernings passt eine weitere überlieferte Äußerung des Bischofs, die er gegenüber Himmler getan haben soll: „Das ist nicht mehr Evolution, das ist Revolution.“ In dem Tun der Nationalsozialisten sah Berning also einen gewaltsamen Umsturz, wie sie die Bolschewisten schon 1917 durchgeführt hatten und in der Folgezeit durch Missachtung der Menschenrechte und der Rechte der Religion weiterhin ausübten. Der Mord an Klausener veranlasste ihn zu einem Antrag an die Bischofskonferenz, gegen derartige Terrormethoden eine Protesterklärung herauszugeben. Bertram kam dem jedoch nicht nach. Die Ereignisse des 30. Juni 1934 hatten Berning tief erschüttert. Er reagierte auf sie mit moralischer Entrüstung. Für ihn war es unvorstellbar, dass der Staat ein derartiges Vorgehen billigte bzw. in seinen wesentlichen Herrschaftsträgern selbst vornahm. Berning hielt die Maßnahmen für einen Rechtsbruch.

Im Folgenden ist nun die Frage zu klären, ob der Osnabrücker Bischof am 2. Mai 1935 in Bremen bei einem Festbankett anlässlich einer Schiffstaufe den Führer getroffen hatte. Dies berichtet die NOZ am 14. Mai 2012 unter der Schlagzeile „Von Bischof Berning im Stich gelassen?“ Die daraufhin einsetzende weite Verbreitung dieses Artikels im Internet lässt die Überprüfung der Fragestellung dringlich erscheinen. Der Verfasser des Artikels behauptet sodann: „Die Enttäuschung hätte Hans Ansgar Reinhold kaum tiefer treffen können: Mit großen Hoffnungen war der Seemannspastor aus Hamburg nach Osnabrück gekommen, um seinen Bischof Wilhelm Berning am 2. Mai 1935 um Hilfe bei der Flucht vor den Schergen des nationalsozialistischen Terrorregimes zu bitten. Und nun musste er erfahren, dass der Bischof ausgerechnet am selben Tag zu einer Schiffstaufe samt Festessen mit Adolf Hitler nach Bremen gereist war: Für Hans Ansgar Reinhold die Gleichzeitigkeit des Ungleichzeitigen.“ Es geht im Folgenden nicht um die Enttäuschung des Seemannspastors. Die ist nachvollziehbar. Es geht einzig um die Frage: Hat Berning Hitler anlässlich einer Schiffstaufe mit Festbankett in Bremen getroffen? Warum war der Bischof zu diesem Zeitpunkt überhaupt in Bremen? Reinhold war offensichtlich ohne Terminabsprache zu Bischof Berning gekommen und traf an der Tür die Haushälterin, die ihm diese Mitteilung machte. Grundsätzlich ist die Nichtanmeldung durchaus verständlich, wenn der Seemannspastor in akuter Verfolgungsnot war. Allerdings musste er damit rechnen, dass der Bischof möglicherweise nicht anwesend sein würde. Dass er auf Hilfe durch Berning hoffen konnte, machen die vielen Fälle deutlich, die sich in ihrer Not an Berning wandten, und er sich für sie einsetzte. Die Frage bleibt aber, ob Berning am 2. Mai in Bremen bei einer Schiffstaufe war und dort Hitler traf.

Der Bischof war am 2. Mai 1935 morgens nach Bremen gefahren. Nach der Berichterstattung über dieses Ereignis war er nicht als Staatsrat, sondern als zuständiger Bischof für die Seel-

Abb. 14: 1. Raphaels-Tagung in Hamburg vom 24. Mai bis 27. Mai 1925 – Besuch an Bord des Dampfers „Deutschland" der Hamburg-Amerika Linie

sorge der Auslandsdeutschen eingeladen (Bremer Zeitung v. 3. 5. 1935). Außerdem war er Präsident des St. Raphaels-Vereins für die Auswandererbetreuung von Deutschen ins Ausland. Auch dieses Amt lag ihm sehr am Herzen. Gegen den Willen der Vereinsführung hatte er etwa durchgesetzt, dass auch die Auswanderung von Juden durch den Verein begleitet würde. Dabei gab es bis 1936 keine Beschränkung der Tätigkeit auf katholische Nichtarier. Man half allen Juden, katholischen Juden und Glaubensjuden. Erst 1936 wurde die Zuständigkeit auf katholische Nichtarier durch die Reichsstelle für das Auswanderungswesen begrenzt. Im Zeitraum von 1934 bis 1937 half der Verein 6500 Menschen bei der Auswanderung, wovon die meisten Juden waren. Zwischen 1938 und 1941 wurde rund 4000 katholischen Juden bei der Auswanderung geholfen, davon allein im Jahr der Reichspogromnacht 1938 die Zahl von 1850. Die Auswandernden fuhren natürlich mit Schiffen nach Übersee. Ansprechpartner war dann etwa der Norddeutsche

Lloyd als Eigner des Dampfers Scharnhorst. Unmittelbarer Anlass für die zur Rede stehende Einladung war die Weihe des neuen Altars auf dem Dampfschiff, die der Bischof am 2. Mai 1935 nachmittags vornahm. Hitler dagegen war am 2. Mai 1935, dem im Artikel angegebenen Tag für das Treffen mit dem Reichskanzler, nicht in Bremen, sondern in Berlin. Nach Auskunft des Instituts für Zeitgeschichte in München traf Hitler am 2. Mai mittags türkische Abgeordnete und anschließend eine Abordnung des Filmkongresses in Berlin, abends 17.00 Uhr 100 Vertreter der deutschen Arbeiterschaft. Er konnte am besagten Tag mithin nicht in Bremen gewesen sein. Dies stimmt mit den Zeitungsberichten überein. Am 3. Mai 1935, dem Tag nach der Altarweihe, nahm Berning dann an der zweiten Probefahrt der Scharnhorst teil, wie die Nordwestdeutsche Zeitung und auch die Bremer Zeitung berichten. Dabei handelte es sich nicht um die Schiffstaufe der Scharnhorst, sondern um eine Probefahrt. Am Abend nach Rückkehr des Dampfers gab es für die Ehrengäste gegen 20.00 Uhr ein Abendessen auf dem Schiff. Weder bei der Schifffahrt noch bei dem Abendessen war Hitler zugegen. Berning traf also Hitler auch nicht am 3. Mai 1935. In den Berichten der Nordwestdeutschen Zeitung, der Bremer Zeitung und der Weser Zeitung über diese Fahrt ist von einem Festessen mit Hitler keine Rede. Dieser traf erst am Samstagmorgen früh von Berlin aus in Bremerhaven ein und nahm dann an der dritten Probefahrt der Scharnhorst am 4. Mai 1935 teil, an der wiederum Berning nicht zugegen war. Begleitet wurde Hitler nach Auskunft der Nordwestdeutschen Zeitung vom 6. Mai 1935 u. a. von Goebbels, Heß, v. Blomberg und Hjalmar Schacht, Röver und Ribbentrop. Von Berning ist nicht die Rede, ebenso nicht von einem Festessen, an dem auch Berning teilgenommen haben soll. Dass Berning an der dritten Probefahrt mit Hitler nicht teilgenommen hat, ist auch deswegen naheliegend, weil er am Sonntag, dem 5. Mai, auf der Bremer Wallfahrt in Rulle war. Es gilt also festzuhalten, dass Berning über die beiden Audienzen am 26. April 1933 und am 27. Juni 1934 hinaus, deren Anlässe jeweils in seinen überregionalen bischöflichen Aufgaben begründet lagen, Hitler in Bremen nicht getroffen hat. Hans Ansgar Reinhold und mit ihm die NOZ waren einer Fehlinformation aufgesessen.

5. Reaktionen des Bischofs angesichts der zunehmenden Kirchenverfolgung und des staatlichen Totalitätsanspruchs

Schon die Verhandlungen nach Art. 31 RK über die katholischen Vereine und Verbände verliefen im Jahre 1934 schleppend. Die Staatsvertreter wollten die katholischen Verbände, die eine Konkurrenz zur HJ gewesen wären, nicht sichern. Eine Weiterexistenz der katholischen Verbände war von ihrem Selbstverständnis her nicht möglich, da es die Einheit des NS-Staates zerstört hätte, wie sie meinten. Alle Versuche der Kirche, ein gewisses Eigenleben in der Öffentlichkeit pflegen zu können, mussten angesichts des Totalitätsanspruches des Staates scheitern. Die kirchlichen Aktivitäten sollten auf den unmittelbar kirchlichen Raum beschränkt bleiben. Dass die Kirche so keine Jugendarbeit betreiben konnte, war allen klar. Von der Beschaffenheit her war die HJ damit den kirchlichen Verbänden überlegen. Sie erschien durch ein breit gefächertes Angebot etwa im Bereich des Sports oder auch des Luftsports vielen Jugendlichen attraktiver. Die Nationalsozialisten gingen auch gegen weitere Regungen der katholischen Kirche vor. Selbst Einkehrtage, die nun wahrlich nur im nichtöffentlichen Bereich stattfanden, waren ihnen ein Dorn im Auge. Die Gestapo versuchte (1941) auch sie zu reglementieren, indem sie alle entsprechenden Veranstaltungen, sofern sie über einen halben Tag hinaus andauerten, wegen Überbelastung der Teilnehmer verbot.

Der Kampf gegen die Kirche nahm im Jahre 1935 nicht unbeträchtlich zu. Insbesondere die NS-Publizistik verschärfte ihren Ton gegen die Kirche. Im Mai 1935 tauchte die „Deutsche Glaubensbewegung" auch in Osnabrück auf. Bis dahin war sie in der Hansestadt nicht in Erscheinung getreten. Es fand eine erste öffentliche Veranstaltung statt, zu der etwa 300 Personen kamen und die sich zum größten Teil aus NS-Mitgliedern zusammensetzte. Der Referent aus Bremen stellte die „Deutsche Glaubensbewegung“ vor. Das Christentum stehe, so der Redner, in einem klaren Gegensatz zum Deutschtum. Allerdings habe es noch nicht vermocht, „arteigenes germanisches Denken ganz zu ersticken; von der Edda aus führt über den Mystiker Eckhart, Goethe, Hölderlin, Arndt und Nietzsche dieser Kampf bis zur Jetztzeit. [...] Christliche Weltmacht gegen arteigenes Volkstum, so heißt der Kampfruf“. Der Schlüssel für das Selbstverständnis des Menschen und damit der Religion sei der Rassengedanke, der zugleich die Grundlage der nationalsozialistischen Weltanschauung sei. Dann betonte der Redner, „dass es ein unmögliches Ding sei, wenn im politischen Leben der Jude aus allen Staatsstellen und öffentlichen Ämtern entfernt sei, er in der Religion eine Hintertür finde, durch die er wieder hineinkommen könne“. Gegenüber dem Erlösungsgedanken des Christentums forderte der Referent die „Selbsterziehung des deutschen Menschen, der durch eigene Kraft zur Vollendung strebt“. Nicht nur der „Pfaffenspiegel“ oder das „Schwarze Korps“ betrieben Propaganda, sondern auch Fachzeitschriften wie etwa „Die Bekleidungsarbeit. Fachliches Sammelblatt der Deutschen Arbeitsfront“. In diesem Blatt, das in einer Auflage von 456000 Stück vertrieben wurde, forderte Heydrich im November 1935 weiter zum Kampf gegen die katholischen Vereine auf und verurteilte den Versuch der Kirche, das Sterilisationsgesetz und die Rassengesetzgebung zu sabotieren.

Der Kampf galt aber auch den katholischen Bekenntnisschulen. Dabei ging es um die Entkonfessionalisierung des öffentlichen Lebens im Interesse einer NS-Volksgemeinschaft, deren Kennzeichen die Uniformierung war. Langfristiges Ziel war die Ausrottung des Christentums zugunsten einer neuheidnischen NS-Religion. Am 10. Februar 1935 sah sich Kardinal Faulhaber aus München gezwungen, in einer Predigt öffentlich für die Bekenntnisschule Stellung zu nehmen. Berning äußerte sich in einem schriftlichen Beitrag in der „Germania“, der unter dem Thema „Das christliche Persönlichkeitsideal“ stand. Es ging der Zeitung um die „Klärung grundsätzlicher Begriffe in einer brennenden Gegenwartsfrage“. Dazu veröffentlichte sie auch Teile aus dem Fastenhirtenbrief Bernings vom 14. Februar 1935, der sich mit eben dem Erziehungsideal des „katholischen Menschen“ befasste. Mit diesen Ausführungen gab der Bischof ein Beispiel für die These, dass auch konkrete schulpolitische Forderungen aus einem Grundkonzept entstehen, Ausdruck einer „geistigen Lebensorientierung“ sind. Daher war auch die Frage nach der Bekenntnis- oder Gemeinschaftsschule eine höchst politische Frage, welche die grundsätzlichen ideologischen Kategorien der Nationalsozialisten berührte. Die von den Nationalsozialisten angestrebte Gemeinschaftsschule war aus der Sicht Bernings eben inhuman. So wurden seine Forderungen unter den Bedingungen des nationalsozialistischen Totalitätsanspruches politisch.

Die Kirche war in der Defensive. Das Vertrauen der Bischöfe in Hitlers Versprechen, den Staat auf eine christliche Grundlage zu stellen, schwand. Hitlers Zusage erwies sich als politische Strategie zur Überwindung des Widerstandes der Bischöfe gegen die NSDAP in der Phase der Herrschaftsbegründung und -festigung im Jahre 1933. Im November 1934 schätzte Berning die Lage so ein, dass der Staat die „Omnipotenz auf allen Gebieten“ erstrebe. In der kirchenpolitischen Situation 1935 hielt er wie üblich am Jahresende die Silvesterpredigt. Er stellte sie unter das Thema: „Wir predigen Christus, und zwar den Gekreuzigten“ (1. Kor. 1, 23). Das gewählte Thema war die Antwort des Bischofs auf die Kampfansage des Staates. Der Kreuzkampf hatte noch nicht begonnen, so dass Bezüge aus diesem Grunde entfallen. Die Predigt symbolisiert das Leiden und die Siegeszuversicht des Christen in einer Welt grundsätzlicher Anfeindungen. So beginnt sie denn auch mit dem Satz: „Wir können aber nicht verschweigen, dass auf religiösem Gebiete manche aufwirbelnde Strömungen zu verzeichnen sind, die den inneren Frieden bedrohen.“ Der Bischof wehrt die Thesen von der „Artfremdheit“ des Christentums ab, verwirft die Forderungen nach einer Nationalkirche und fragt, „wohin sollen wir den Kurs nehmen im kommenden Jahr“. Gegen das Kreuz sieht er die Feinde der Gegenwart ankämpfen, wenn er sagt: „Und doch will ein neues Heidentum heute das Kreuz in den Dreck ziehen. So lesen wir bei einem bekannten Wortführer der sogenannten Deutschgläubigen das furchtbare Wort: ‚Wir Deutschen haben nichts Dringenderes zu tun, als die grauenvolle Erinnerung an den am Kreuze gemarterten jüdischen Christus aus unserem nordischen Herzen wieder auszulöschen'. (Bergmann). Als Ersatz dafür (hat) einer das Wort des Übermenschentums geprägt, des Menschen, der nichts wissen will von Schuld und Sünde, von Kreuz und Leid, es wird verkündigt das Evangelium der Kraft und des Stolzes. Ach diese Propheten kennen das Leben nicht oder sie belügen sich selbst." Der Bischof fordert: „Eine neue Kreuzerhöhung muss über Deutschland kommen, wenn Deutschland leben und gedeihen soll." Er schließt die Predigt mit einer Vision ab, die er, so der Text, im Kolosseum von Rom hat:

„Geliebte Christen. Vor einigen Jahren fand in dem verwitterten Kolosseum zu Rom eine große Feierlichkeit statt: Das Kreuz Christi wurde mitten in dem Zirkus wieder aufgestellt. An jener Stelle, wo meistens der rohe Pöbel tobte, während sich die Arena vom Blute vieler tausend Märtyrer rötete, erhebt sich aufs Neue das Kreuz Christi.

Im vorigen Jahr wohnte ich einer Kreuzigungsandacht bei: Man wird nachdenklich dabei, man schaut ja zu der leeren Kaiserloge. Es ist einem, als tauchen beim Hören der religiösen Gebete und Gesänge plötzlich die Häupter der längst verstorbenen Kaiser wieder auf. In Purpur gehüllt, sitzen sie in den Logen. Und sie schauen die großen Menschenscharen in der Arena. ‚Ja, was geschieht denn da?' ‚Das sind Christen, Kaiser', erwidern wir ihm. ‚Christen?' fährt Nero erregt in die Höhe, ‚genügten nicht einmal 20 Jahrhunderte zu ihrer Ausrottung?' ‚Nein, Kaiser, sie genügten nicht. Im Gegenteil, die Rollen wurden getauscht. Dort, wo das Christenblut in Strömen floss, schau nur, dort stellt man das Kreuz des verfolgten Christus als Wahrzeichen des Glaubens, als Siegeszeichen der Hoffnung, als Flammenzeichen der Liebe auf. Der Christus lebt heute noch und sein Reich überspannt den ganzen Erdkreis und Millionen huldigen ihm in Liebe und Verehrung. Doch es seid ihr, ihr Verfolger, ihr Cäsaren, und wo ist euer Reich? Erinnere dich nur, Kaiser Nero, du hast einmal einen alten Fischer ans Kreuz schlagen lassen. Und jetzt nennt man die schönste aller Kirchen nach seinem Namen und an dieser Kirche, an St. Peter, steht ein 25 m hoher Granitobelisk, den du noch ganz gut kennst. Als es noch keine Christen gab in der Welt, stand er vor dem Tempel des ägyptischen Sonnengottes und einer deiner Vorfahren, Caligula, hatte ihn für den Zirkus bestimmt, wo die Christen von den Bestien zerrissen wurden. Sieh, der Obelisk steht weiter noch – nur sieht seine Spitze anders aus als zu deiner Zeit. Jetzt überragt ein festes Kreuz diese Spitze und in diesem Kreuz befindet sich ein Partikel vom gebenedeiten Kreuz Christi und auf dem Obelisk kann man heute lesen, Worte, deren Wahrheit seit beinah 2000 Jahren verkündet sind und die auch heute noch gilt. Lies nur, Kaiser, was da steht.' Der Kaiser liest – erbittert – sein Gesicht verzerrt sich – die Vision ist vorbei. Aber wir bleiben stehen und lesen die Worte. Mit dankbar betender Stimme lesen wir: Christus vincit, Christus regnat, Christus imperat. Christus siegt, Christus herrscht, Christus befiehlt. Ja, das Kreuz bleibt doch bestehen."

Schon im Juni 1933 wies Berning in einer Predigt auf Kaiser Nero hin. Damals sagte er über den Tyrannen: „Neros Name und Macht ist verschwunden." Angesichts der Zusagen Hitlers ihm gegenüber hegte der Bischof die Hoffnung, dass das Christentum geschützt und zur Grundlage staatlichen Handelns werden würde. An eine Christenverfolgung dachte er wahrlich nicht. Dies drückt sich in dem Bild vom Verschwinden Neros aus. Vergleicht man diese Aussage mit der oben zitierten Vision, so wird deutlich, dass Berning in diesem Bild den Zuhörern seine Einschätzung der gegenwärtigen Lage preisgeben wollte. Sie hatte sich grundlegend gewandelt. Das Christentum war der Verfolgung durch die Nationalsozialisten ausgesetzt. Die Vision erlaubte es ihm, sich einerseits für den christlichen Zuhörer verständlich zu äußern, andererseits nicht angreifbar zu sein. Den Nationalsozialisten gegenüber konnte er sich auf den historischen Bezug berufen. Berning wollte mit diesem Bild den Zuhörer nicht in eine fremde Vergangenheit führen, um ihn über die römische Christenverfolgung zu belehren. Die Vision war Verkündigung und Anklage zugleich und ein Bild, das die Zustände im Verhältnis von Kirche und Staat in der NS-Zeit kennzeichnet. Indem Berning Nero direkt anredete – und dazu im Präsens – überwand er die historische Distanz. Bischof und Nero stehen sich gegenüber. Nero stellt erregt fest, dass die Christen auch noch nach 20 Jahrhunderten leben. Die Verfolger sind diejenigen, die in der Gegenwart die Kirche und die Christen bedrängen und sie unterdrücken. Insbesondere das Jahr 1935 brachte für die Kirche weitere Belastungen. Neue Auseinandersetzungen wurden den bisher noch nicht überwundenen Schlägen hinzugefügt. Berning erlebte aus nächster Nähe, wie die Verhandlungen von Seiten des Staates verschleppt wurden mit dem Ziel, ein für die Kirche akzeptables Ergebnis zu verhindern, wie man vertragliche Abmachungen trotz der Zusagen Hitlers mit Füßen trat. Der Schwebezustand war für den Staat der bessere. Priester und Laien wurden verhaftet. Man war einer Verfolgung ausgesetzt. Das Bischofs-Wir im Bild macht deutlich, dass Berning sich Nero gegenüber als Bischof äußert, der sich um das Wohl der Christen sorgt. Als Bischof weist er die Ansprüche Neros zurück. Das Bild stellt auch Verkündigung dar. Es ermuntert die Gläubigen zur Zuversicht, lebt von der Verheißung Jesu auf den Sieg des Christentums. In diesem Sinne gibt es auch eine Antwort auf die Frage nach dem Martyrium. Der Sieg des Christentums erscheint umso vollendeter, wenn man die Dramaturgie des Bildes in die Überlegungen einbezieht. Der Kaiser ist „erregt“. Die übliche Distanz des Untertanen zum Kaiser ist durch die Benutzung des Wörtchens „Du“ aufgehoben. Respekt zollt der Bischof ihm nicht. Der Kaiser ist „erbittert – sein Gesicht verzerrt sich – [...]“ Das Aufbäumen des Kaisers gegen die Herrschaft Christi ist hoffnungslos.

Ob Berning mit dem Bild Neros Hitler direkt gemeint hat, ist nicht mit Sicherheit zu sagen. Dem Zuhörer konnte diese Assoziation naheliegen. Die Vision macht aber deutlich, dass Bernings Vertrauen in diesen Staat zunehmender Erosion ausgesetzt war. Diese Feststellung wird bestätigt durch eine Äußerung des Bischofs auf der Plenarkonferenz des Episkopates vom August 1935. Dort sagte Berning: „Ob Verhandlungen noch möglich sind, hängt von der Frage ab, ob der Staat überhaupt Friede haben will." In der Silvesterpredigt des Jahres 1935 zeigt sich ein pessimistischer Berning, was die kurz- und langfristige Besserung der kirchlichen Lage in Deutschland anging. Eine Notiz vom 18. Dezember 1935 kennzeichnet diese Haltung des Bischofs treffend. Es heißt dort: „Die Bischöfe können sich nicht dagegen wehren, Hirtenbriefe werden beschlagnahmt oder deren Verbreitung verboten und dadurch die Freiheit der Verkündigung der kirchlichen Lehre behindert."

Die Silvesterpredigt war auch in der Kirchenzeitung Bremens, dem „Ansgarius", am 19. Januar 1936 veröffentlicht worden. Dort erregte sie in NS-Kreisen, die früher der Kirche nahegestanden hatten, Anstoß. Man übersandte ein Exemplar der Predigt des Bischofs aus dem „Ansgarius" an den Reichskirchenminister. Die Ausführungen zeigen, wie man Berning in diesen Kreisen inzwischen einschätzte: „Der Bischof Dr. Berning hat sich sehr gewandelt, er trägt aber noch heute den Ehrentitel Staatsrat. Die Wirkung seiner letzten Worte auf die katholische Masse kann nur derjenige ermessen, der jahrelang dort zu tun gehabt hat. Immer wieder hört man, dass der Bischof von Osnabrück von der nationalsozialistischen Regierung besonders anerkannt sei, denn er wäre sogar Staatsrat geworden, als einziger! Hier wird eifrig weiter gezimmert, den Staat im Staate zu erhalten. Das absichtliche Übergehen der weltgeschichtlichen Leistung des Führers durch Kirchenfürsten darf nicht mehr gestattet sein, sonst ist alle Werbung vergebens."

Unmittelbar nach der Silvesterpredigt 1935 legte Berning auf der Plenarkonferenz des Episkopates vom 8.–9. Januar 1936 seine Strategie dar, wie in der kirchenpolitischen Situation nach seiner Ansicht zu verfahren sei. Viele Bischöfe waren ratlos. Auf dieser Konferenz hielt der Osnabrücker Bischof das Einführungsreferat über die Verhandlungen nach Art. 31 RK. Abschließend stellte er die Frage, was nun zu tun sei. Er schlug einen Dreiklang vor. Erstens: öffentlich alle Angriffe auf die Kirche abzuwehren; Zweitens: Intensivierung des religiösen Lebens und drittens: falls möglich Verhandlungen. Mit diesem Konzept wurde allen in der Bischofskonferenz klar, dass Bernings Strategie von 1933 gescheitert war und er selbst es auch so sah. Damit bot sich ihm die Möglichkeit einer weiteren Zusammenarbeit mit Bertram, aber auch eine vermittelnde Bewegung hin zu den schärferen Kritikern um von Galen und Preysing, wie es dann 1941 geschah. Gewissermaßen übertrug er den Strategiewechsel, den die Bischöfe des westdeutschen Bischofskonveniats unter dem Einfluss Galen im Februar 1934 vollzogen hatten, im Sinne einer Strategie in die Bischofskonferenz. Wie Berning sich nun mit diesem Vorhaben von Bertram unterschied, so aber auch vom Mobilisierungskurs Galens, der die Öffentlichkeit als Kampfmittel gegen den Staat nutzen wollte. Das hielt Berning für zu gefährlich, weil er die Kirche gegenüber der Gewalt des Staates für machtlos hielt. Die Erfahrungen des Kulturkampfes standen ihm vor Augen. Niemals wieder sollte die Kirche vor den Trümmern ihrer pastoralen Existenz stehen. Dies allerdings, so muss deutlich sein, hing nicht allein von der Kirche ab, sondern mehr noch vom Staat. Berning war der Meinung, dass die Kirche dem Staat keine unbedachten Vorwände geben sollte, unter denen sie später leiden würde, ohne tatsächlich einen Vorteil zu haben. Es standen sich so der Mobilisierungskurs Galens und der Immunisierungs- und Abwehrkurs Bernings gegenüber, ohne sich langfristig ausschließen zu müssen. Die weitere Entwicklung bestätigte Bernings Einschätzung einer zunehmenden Bedrängnis und Machtlosigkeit der Kirche.

Als Reaktion auf die antikirchliche und antireligiöse Propaganda hatte die Fuldaer Bischofskonferenz am 18. August 1936 beschlossen, einen kurzen Kanon der Glaubenswahrheiten der katholischen Lehre in Frage- und Antwortform herauszugeben und den Katholiken zur Verfügung zu stellen. Es galt, dieser Propaganda eine Abwehr entgegenzustellen und eine „Gegen-Propaganda des Glaubens“ zu verbreiten. Noch im Jahre 1936 waren sie erschienen und wurden in den Gemeinden verbreitet. Berning gab dazu am 12. Januar 1937 eine Anweisung an seinen Klerus: „Der Inhalt dieser ‚Katechismuswahrheiten‘ muss Allgemeingut des gesamten katholischen Volkes werden. Darum wird eine Massenverbreitung dieses Textes das erste Erfordernis sein. [...] Im Verlauf dieses Jahres müssen die ‚Katechismuswahrheiten' den Gläubigen in Katechese und Predigt eingehend erklärt werden." Schon am 9. März des Jahres 1937 verbot die Staatspolizei Osnabrück die kleine Broschüre, „weil der Inhalt der Schrift gegen die weltanschaulichen Grundsätze des Nationalsozialismus verstößt [...]" Das Jahr 1937 war durch die Sittlichkeitsprozesse gegen Geistliche geprägt. Sie waren eine groß angelegte Propagandaaktion von Goebbels als Reaktion auf Bemerkungen von Kardinal Mundelein aus Chicago vom 18. Mai 1937. Dieser hatte Hitler einen „österreichischen Tapezierer" genannt. Gegen die maßlosen Angriffe verteidigte Berning die Geistlichen und ermunterte sie in ihrem schweren Dienst. Auf der Grundlage der Zahlenangaben des Reichsjustizministeriums und der Zusammenstellung des Bischofs Preysing von Berlin wies er die Aussagen des Propagandaministers sowie die Kennzeichnungen „Jugendschänder" oder „Sexualpest" zurück. Er fragte unter der Feststellung, dass von je tausend nur zwei wegen sittlicher Vergehen überführt worden seien: „Wie steht es da bei den anderen Ständen und Berufen im deutschen Volke?"

Berning gab sich keinen Illusionen hin. Das zeigt die Ruller Predigt vom 12. Juni 1938. Die Sittlichkeitsprozesse hatten die Gewalt des Regimes gegen Geistliche offenkundig gemacht. Sie wurden zum bevorzugten Gegenstand der Verfolgung. Das hatte sich auch schon in den Prozessen gegen Geistliche gezeigt, die des „Kanzelmissbrauchs" bezichtigt wurden. Berning befürchtete eine zunehmende Ausschaltung der Geistlichkeit und damit der pastoralen Tätigkeit der Kirche. Die Betonung des Laienpriestertums als einer zweiten Säule des Priestertums im Kampf um die Freiheit der Kirche schien ihm in dieser pastoralen Situation notwendig. Damit griff er auf Laienarbeit zurück, die der „Deutsche Caritasverband" mit der Ausbildung von Gemeinde-, Seelsorge- und Diasporahelferinnen schon seit Beginn der Weimarer Zeit im Jahre 1920 begonnen hatte. Während in der männerzentrierten Welt des Nationalsozialismus die Männer immer stärker im Militär oder in Wirtschaft und Verwaltung benötigt wurden, warb die Kirche immer mehr Frauen für Aufgaben in den Gemeinden und der Seelsorge. Das kirchliche Rollenverständnis von Frau und Mutter, das Berning noch in der Silvesterpredigt 1933 betont hatte, ließ sich unter den Bedingungen der NS-Herrschaft nicht mehr aufrechterhalten. Auch die von ihm im Bistum Osnabrück vorbildlich geführte Arbeit der Katholischen Aktion trug hier ihre Früchte. Aus seiner Sicht erwies es sich als richtig, das religiöse Leben in aller Breite zu intensivieren, um gegenüber dem kirchenfeindlichen Kurs des Staates gewappnet zu sein. Tatsächlich sah Berning die Notwendigkeit, dass die Laien ohne wesentliche Betreuung durch das Weihepriestertum christliches Leben fortführen müssten. Zur Begründung des Auftrags der Laien griff Berning auf altkirchliche Vorstellungen des Laienpriestertums in der Verfolgung zurück und betonte, es sei eine „urchristliche Einrichtung". Berning wies auf dessen Funktion als Glaubensverkündiger, -verteidiger und -verbreiter hin. Dabei schloss er das Martyrium nicht aus. Drängender als in früheren Predigten wies er die Gläubigen auf mögliches Leid und möglichen Tod um des Himmelreiches willen hin. Die Formulierungen legen nahe, dass der Oberhirte einen offenen Kampf nicht ausschloss. Dafür wollte er die Gläubigen wappnen. Sie sollten nicht ungestärkt in diese Auseinandersetzung gehen. Wenngleich Berning der Kulturkampf als Menetekel vor Augen stand und ihn bedrängte, so hatte sich die Situation insofern geändert, als inzwischen in der Seelsorge Strukturen einer Laientätigkeit entwickelt worden war, auf die man in der Not zurückgreifen konnte. Dabei ging er bis an die Grenze einer Aufforderung zum aktiven Handeln, wenn er sagt: „Der Verleumdungsfeldzug, wie er vielfach in Wort und Schrift gegen Kirche und Christentum geführt wird, hätte bald ein Ende, wenn alle der christlichen Welt sich diese Art des Kampfes nicht mehr gefallen ließen." Sicher ist es überinterpretiert, darin einen Aufruf zum Widerstand zu sehen. Nicht zu verkennen ist aber, dass der Bischof dabei war, eine Kollektivmentalität zur Sicherung einer Resistenz zu stärken, aus der heraus „Opposition" unter den Bedingungen des Regimes möglich wurde und erhalten blieb.

In der zehn Wochen nach der Ruller Predigt vom Juni 1938 gehaltenen Ansprache in Clemenswerth wiederholte er seine Forderungen nach dem Laienapostolat und konkretisierte sie

Abb. 15: Predigt in Clemenswerth, Wallfahrt am 15.08.1937

am Beispiel des Kampfes um die Bekenntnisschule. Auch hier nahm er die Gelegenheit wahr, die Inhalte der Enzyklika „Mit brennender Sorge“ gegen alle Versuche des staatlichen Verschweigens zu benennen. Bemerkenswert ist, dass er das Volk als Ganzes – nicht nur die Katholiken – wegen seines christlichen Glaubens unterdrückt sah und deshalb ermunterte: „Ihr sollt durch Euer Beispiel des Starkmutes auch andere anfeuern, die Schlachten des Herrn zu schlagen, auf dass unser deutsches Volk trotz aller Angriffe und Verleumdungen, trotz aller Drohungen und Bedrückungen wegen des Glaubens ein echt christliches Volk bleibe.“ Zugleich wird die Zielrichtung einer möglichen Stabilisierung der Gläubigen immer wieder in der eigenen Kirche verankert: „Wenn heute auch über unsere Kirche in Deutschland Stürme dahintreiben, dann werden manche schon mutlos und glauben, das Ende der Kirche sei gekommen. Das Schicksal der Kirche hängt nicht von äußeren Verfolgungen, von Bedrückung der Freiheit, von Entrechtung und Verhaftung von einzelnen ab, sondern einzig und allein von unserer Treue und unserem Mut und von der Gnade dessen, der gesagt hat: Ich bin bei euch. Ich habe die Welt überwunden.“

Berning sah sehr klar, dass unter den gegebenen politischen Bedingungen ein gedeihliches Zusammenleben von Kirche und Staat nicht möglich war. Der Staat hatte einen Totalitätsanspruch, der letztlich nicht nur der Kirche den Garaus zu machen trachtete, sondern alle anderen NS-ablehnenden oder NS-kritischen Kräfte inzwischen zerstört oder geschwächt hatte. Daher gelangte er zur Erkenntnis, dass der Staat sich grundsätzlich in seinen Ansprüchen zurücknehmen müsse. Die Predigten Bernings lassen dessen Entwicklung in seinem Verhältnis zum NS-Staat deutlich hervortreten. In dem Maße, in dem die Aufforderung zum Staatsgehorsam in den Predigten zurückging, in dem Maße nahm der öffentliche Widerspruch des Bischofs zu. Zog zunächst das Neuheidentum und der NS-Rassismus alle Kritik Bernings auf sich, so weitete er diese schließlich auch auf das Staatshandeln selbst aus. Dies geschah im Jahre 1937, als der Staat seine Angriffe gegen die katholische Presse verschärfte, die Geistlichen durch die Androhung von Sittlichkeitsprozessen einzuschüchtern versuchte und Anstalten machte, die deutsche Gemeinschaftsschule einzuführen. Indem der Bischof die Treue zu den Gesetzen als Maßstab der Katholiken bezeichnete, bezichtigte er den Staat eben der Gesetzlosigkeit. Es heißt in der Ruller Predigt vom 23. Mai 1937: „Sagt, ist das Staatsfeindlichkeit oder Staatstreue, wenn wir aufgrund der Gesetze die Erhaltung der Konfessionsschule verlangen? Ist das Staatsfeindlichkeit?“ In dieser Predigt richtet sich das Verlangen des Bischofs noch unmittelbar auf kirchliche politische Forderungen. In der Silvesterpredigt 1938 klagte er: „Solche Zeiten, wie wir sie durchleben, in denen die bisher herrschenden Formen ihre Gültigkeit verlieren und weiter weichen müssen, erscheinen in einem merkwürdigen Zwielicht und geben dadurch zu den widersprechendsten Deutungen Anlass.“ Gegenüber den bisherigen Überlegungen tritt in der Predigt in Clemenswerth anlässlich der Wallfahrt am 20. August 1939 – knapp zwei Wochen vor Kriegsbeginn – der Gedanke der Begrenzung staatlicher Macht angesichts des Verpflichtungscharakters der Zehn Gebote immer stärker in den Vordergrund. Der Bischof sagte: „Keiner darf im Diesseits sein und lassen, was er will. Über ihm steht der Wille des überweltlichen Gottes. Ihr kündet das Gesetz jenes unendlichen Herrn, der die Welt aus dem Nichts erschaffen. Wenn dieser Weltenschöpfer, an den wir glauben, wirklich Gott ist, dann muss er von seinen Geschöpfen Gehorsam gegen seinen Willen verlangen. Keine irdische Macht hat das Recht, Gott den Mund zu verbieten."

Die Predigten Bernings an den Wallfahrtsstätten Rulle, Clemenswerth und Wietmarschen, so zeigen die vorgestellten Beispiele, hatten über eine Festigung des Glaubens und eine Intensivierung des religiösen Lebens hinaus die Funktion, die Gläubigen über neueste Entwicklungen im Kampf der Nationalsozialisten gegen die Kirche und später die Menschenrechtsverletzungen aus Sicht des Bischofs aufzuklären. Strategisch gesehen waren die Wallfahrten damit in seinen aktiven Abwehrkurs eingebunden. Im Zuge der zunehmenden Überwachung der kirchlichen Presse bot sich dieses Element an. Berning konnte die Katholiken so über die Übergriffe des Staates überregional informieren. Da zu den Wallfahrtsorten Gläubige aus dem ganzen Bistum kamen, blieben die Informationen nicht örtlich begrenzt, sondern wurden durch die Gläubigen in das gesamte Bistum getragen. Kamen doch zu den einzelnen Wallfahrten Zehntausende von Gläubigen. In gewissem Sinne war es eine Strategie, die die gelenkte NS-Presse und die Überwachung der kirchlichen Zeitungen unterlief. Diese Passagen leitete er in einer Weise ein, dass jedem Zuhörer klar wurde, ihr Bischof werde sich nun zu gegenwärtigen Zeiterscheinungen äußern. Beispielhaft zeigt dies die große Männer- und Jungmännerwallfahrt nach Rulle am Dreifaltigkeitsfest 1937: „Aber wir wollen in dieser Zeit einmal einander Auge in Auge wieder gegenüberstehen und ein ernstes Wort zu den Zeitfragen vernehmen. Ein Manneswort zu Männerherzen gesprochen." Selbstverständlich wurden auch all diese Predigten überwacht, dennoch musste dieses Mittel für den Staat solange wirkungslos bleiben, wie man den Bischof nicht selbst außer Gefecht setzte. Die mündliche Übermittlung durch die Gläubigen war kaum zu stoppen. Da Berning auch immer wieder den Bekenntnischarakter der Wallfahrten gegen den Verdacht hervorhob, es handle sich um

Demonstrationen gegen den NS-Staat, so konnte er selbst gegenüber den staatlichen Behörden darauf hinweisen, dass seine Äußerungen Verkündigung seien – mithin unpolitisch, obwohl sie tatsächlich politisch waren. Dieses Mittel hatte er schon gegenüber Rechtskatholiken von 1931 bis 1933 angewandt, die sich gegen sogenannte politische Predigten von Geistlichen richteten. Regelmäßig wies er diese Attacken zurück, indem er betonte, es handle sich nicht um eine politische Predigt, sondern um Verkündigung des Glaubens.

In der Silvesterpredigt 1939 nahm Berning den Gedanken vom Jenseitsglauben wieder auf und thematisierte ihn unter drei Gesichtspunkten: als Licht im Leben, als Kraft auf dem Lebensweg und als Trost in allem Leid des Lebens. Dieser Glaube ist für den Osnabrücker Oberhirten Ausdruck der Einsicht der menschlichen Vernunft, da die Seele nach „dem Licht der Wahrheit und Klarheit" drängt. Dann rief Berning den Gläubigen zu: „Gott hat seine 10 Gebote zwar am Sinai dem Judenvolk besonders eingeschärft, aber sie gelten für alle Zeiten und alle Völker, auch für unsere Zeit und unser Volk. Du sollst Vater und Mutter ehren, Du sollst nicht töten, nicht ehebrechen, nicht stehlen, nicht lügen. Das sind Grundgesetze der menschlichen Natur, die sich jedem in seinem Gewissen ankündigen. Sie gelten für den einzelnen und für die Gemeinschaft. Von ihnen kann (sic) kein Mensch und kein Machthaber dispensieren oder sie aufheben." Damit knüpfte Berning an Überlegungen an, die er schon im Jahre 1934 öffentlich dargelegt hatte. Es ist der Gedanke der Universalität der christlichen Botschaft und der sittlichen Bindung des Menschen. Auch der Staat ist an die Gebote gebunden und hat sich ihnen zu unterwerfen. So mahnte der Bischof eine Position an, die Galen als Konsequenz der Enzyklika im Jahre 1937 zu einer Solidarität aller Unterdrückten führen wollte. Mit seinen Erklärungen auf der Plenarkonferenz der Bischöfe aus dem Jahre 1937, der Predigt in Clemenswerth und der Silvesterpredigt 1939 in Osnabrück tat Berning den Gläubigen jene Perspektive dar, die ihm eine Ausweitung des Blickes über rein kirchliche Interessen hinaus auf ein Humanum hin ermöglichte, das der Verfolgung ausgesetzt war. Indem er die Machthaber dem Naturrecht unterstellte, reklamierte er auf dessen Grundlage die Moralität eines Staates gegen die tatsächliche Unmoral – und zwar vom Grundsatz her ohne jegliche Einschränkung. Dem entsprachen die „kulturpolitischen“ Vorbehalte der Bischöfe aus der Zeit von 1930 bis 1932. Konkreter Hintergrund seiner Forderungen waren die Menschenrechtsverletzungen des NS-Regimes. Dieser so formulierte Ansatz des Bischofs in der Auseinandersetzung mit dem NS-Regime zeigt in den dreißiger Jahren, was die Predigten angeht, historisch bedingte Einschränkungen. Zwar mahnte er ausdrücklich die Einhaltung der Menschenrechte als Verpflichtung des Staates an, konkretisierte sie aber nicht im Hinblick auf andere verfolgte Bevölkerungsgruppen. Obwohl er über die rein kirchlichen Belange hinaus für die Verfolgung von Menschen sensibilisiert war, empfand er sich noch zu sehr als „Hüter der katholischen Belange“, wie er selbst sagte. Durch die zunehmende Kirchenverfolgung veranlasst, verschärfte Berning seine öffentlichen Predigten in den dreißiger Jahren bis zur Forderung nach der Begrenzung der staatlichen Macht. Im Mai 1940 hatte die Gestapo in die Personalakte Bernings eingetragen, was sie von ihm hielt: „[…] Ist ein geschickter Taktiker und wird als gefährlicher Vertreter der politischen Romkirche angesehen. Er geht in seinen Predigten oft über die Grenze des Erlaubten hinaus.“

6. Besuch im Strafgefangenenlager Aschendorfermoor

Der Besuch Bernings im Strafgefangenlager Aschendorfermoor erregt die Kritiker noch heute. Sie können nicht von der NS-Überlieferung lassen, die eine Nähe Bernings zum Nationalsozialismus belegen soll. Deren Zorn ist aber teilweise nachvollziehbar. Für sie ist unverständlich, wie sich der Bischof vor 1933 öffentlich gegen die Nationalsozialisten aussprach und sich sehr schnell nach den Märzwahlen 1933 dem NS-Staat genähert hatte. Das katholische Milieu des Emslandes etwa konnte diese geistigen Pirouetten nicht nachvollziehen. Verborgen blieben den Katholiken allerdings die Hintergründe des bischöflichen Verhaltens. Erschwerend dabei war, dass Berning aus Lingen kam, einer Stadt des Emslandes. Ein Sohn der Heimat hatte sich so dem NS-Staat genähert, den sie doch alle abgelehnt hatten. Viele fühlten sich vom Verhalten des Bischofs in ihrer Gradlinigkeit gegenüber dem Nationalsozialismus verletzt, zumal sie selbst sich häufig aufgrund ihrer Zugehörigkeit zur Kirche gegen die Nationalsozialisten gestellt hatten. Bernings persönliche Haltung zum neuen Regime, sein Ringen um den richtigen Weg, war ihnen auch nicht bekannt. Schließlich war er zudem noch Staatsrat geworden. Öffentlich sahen sie nur die Nähe des Bischofs zum NS-Regime – und dann noch der Emslandlagerbesuch im Aschendorfermoor, bei dem der Bischof vor der Wachmannschaft des Lagers, wie die Ems-Zeitung überliefert, dem „Führer" einen derartig intimes, fast hymnisches Lob zukommen ließ: „Lange lag das Emsland im Dornröschenschlaf, bis der Prinz kam und es weckte; dieser Prinz ist unser Führer Adolf Hitler. […] Alles, was geschehen ist, entspringt der Initiative und dem Weitblick unseres Führers Adolf Hitler."

Die Ems-Zeitung war in der Zeit des Nationalsozialismus voll in die Propaganda und Berichterstattung der NSDAP und des Reichspropagandaministeriums einbezogen. Als solche vertrat sie die Interessen des NS-Staates. Daher ist von einer entsprechenden Orientierung der Zeitung auch beim Besuch Bernings auszugehen. Die Manipulation von Äußerungen des Bischofs durch die Zeitung ist nachgewiesen. Alle Bemühungen des Verfassers, Quellenmaterial zu dieser Überlieferung außerhalb der NS-Presse zu finden, scheiterten. Selbst das DIZ in Papenburg konnte bislang kein außerhalb der NS-Überlieferung befindliches Material vorlegen. Es bleibt als einzige Quelle die Ems-Zeitung. Von ihr haben alle abgeschrieben oder deren Bericht vom Lagerbesuch Bernings zur Grundlage ihres Berichtes gemacht, so etwa die „Neuen Volksblätter", die „Osnabrücker Zeitung", die „Kölnische Volkszeitung", „Der Deutsche Weg", die „Deutschen Briefe", der „Neue Vorwärts", „Der SA-Mann".

Auch das „Deutsche Nachrichten-Büro“ (DNB) sorgte für Verbreitung. Der Besuch Bernings im Lager Aschendorfermoor war damals in aller Munde. Der Besuch fand statt am 25. Juni 1936 – vier Wochen vor den Olympischen Sommerspielen. Dort hielt Berning nach Aussagen der Zeitung eine Rede vor den Gefangenen und mahnte zur Pflichterfüllung und Treue gegenüber Gott und der Obrigkeit. Danach sagte Berning abschließend: „Segnen möge Gott unser Volk und Vaterland und das Aufbauwerk des neuen Reiches. An Gottes Segen ist alles gelegen.“ In das Goldene Buch des Lagers schrieb der Bischof nach dem Bericht der Ems-Zeitung: „Deutscher Wagemut und Fleiß hat mit Klugheit aus Heide und Moor fruchtbaren Boden geschaffen.“ Im Laufe des Abends hielt er vor den Wachmannschaften eine Rede, in der er nach der Ems-Zeitung den oben zitierten Satz vom Dornröschenschlaf und dem Prinzen, der es erweckt habe, gesprochen haben soll. Sodann teilte er mit, er werde alles, was er gesehen habe, nach Berlin berichten. Abschließend soll er nach der Ems-Zeitung ein dreifaches Sieg-Heil auf den Führer ausgebracht haben. Der Beitrag der Zeitung ist auf die regionalen Belange des Emslandes ausgerichtet. Die Erfolge der Moorkultivierung stehen im Vordergrund. Deutlich wird die Begeisterung des Bischofs über das Erreichte hervorgehoben. Die Lager präsentieren sich nach diesem Bericht dem Bischof von der besten Seite. Schon am 20. Juni 1936 hatte die Zeitung die Bevölkerung auf den Besuch Bernings durch entsprechende Informationen vorbereitet, was die Bedeutung des Besuches aus der Sicht der Zeitung unterstreicht. Unter dem 26. Juni 1936 teilte sie dann mit, dass Standartenführer Schäfer Berning und dessen Begleitung zu der genannten Visite eingeladen habe. Sodann berichtete sie ausführlich über das Besuchsprogramm, das die Gäste in das Lager Oberlangen (VI), zum „Emslandhause“ und nach Neusustrum (V) mit einem Abstecher an die holländische Grenze führte. Schließlich fand man sich in Rhede (III) ein und fuhr zum neuen Kanal. Wie nach 1936 ist der Besuch noch heute ein heißes Eisen. Obwohl die Kritiker Bernings keine Quelle außerhalb der NS-Überlieferung aufweisen können und der Be-

Abb. 16: Emslandlagerbesuch am 25.06.1936, hier mit Strafgefangenenpfarrer Buchholz, Standartenführer Schäfer und Domkapitular Lange

richt der Ems-Zeitung offensichtlich eine Fälschung ist, halten sie immer noch an dem Zitat im Bericht der Ems-Zeitung fest. Diese Haltung ist dem Verfasser bei verschiedenen Anlässen begegnet. Sie können ihre Kritik auch nicht durch die politische Entwicklung Bernings in den dreißiger Jahren abstützen. Um weitere Klarheit zu bekommen, gilt es also, den Besuch in den Entwicklungsprozess Bernings gegenüber dem Regime einzuordnen und die Interessenlage von Berning, der Lagerleitung und der Reichsführung einzubeziehen, um sich ein Urteil bilden zu können.

a) Interesse des Kommandanten Schäfer

Schäfer hatte den Bischof eingeladen. Er besaß gesteigertes Interesse an dessen Besuch. In dem zur Rede stehenden Zeitraum hatte die Kommandantur besondere Probleme. Es ging um die Arbeitsbedingungen der Wachmannschaften in den Emslandlagern. In einem vertraulichen späteren Bericht vom 23. September 1937 teilt der Oberstaatsanwalt von Osnabrück dem Generalstaatsanwalt in Celle mit: „Die politischen Verhältnisse in Papenburg sind ungünstig. Die katholische Bevölkerung ist gegen die Zentralverwaltung eingestellt." Die SA-Männer waren nicht nur als Nichtemsländer in der Stadt nicht wohlgelitten, sondern verkörperten eine Einstellung, die sich mit der mehrheitlich katholischen Bevölkerung in diesem Gebiet nicht vertrug. Daher kam es immer wieder zu Auseinandersetzungen zwischen Papenburgern und den Wachmannschaften. Hintergrund der Gegensätze war die Unvereinbarkeit von Nationalsozialismus und Katholizismus. Dies drückt ein Bericht des Lagerleiters des Strafgefangenenlagers Oberlangen (VI) aus, wenn er im Stimmungsbericht vom 6. Juli 1935 an den Kommandeur Schäfer schreibt: „Seit Ende 1933 macht die Wachmannschaft in treuer Pflichterfüllung und Opferbereitschaft ihren bestimmt nicht leichten Dienst im einsam abgelegenen Moor, wo sie nicht nur das Klima und die Entbehrungen mancher Art, sondern auch die wenig Volksgemeinschaft kennende Bevölkerung des Emslandes in Kauf nehmen muss. In hiesiger Gegend lässt der nationalsozialistische Geist noch sehr zu wünschen übrig." Die praktischen Auswirkungen dieses Gegensatzes prallten auf besondere Weise in dieser Stadt aufeinander. Die Papenburger mussten mitansehen, wie die Gefangenen beim Transport drangsaliert und geschlagen wurden. Die Lagerhäftlinge wurden bewacht von SA-Leuten, die im Strafvollzug nicht ausgebildet waren. Justizvollzugsbeamte gab es nur in geringer Zahl. Die Aufgabe in Papenburg war bei dem Aufsichtspersonal nicht gerade beliebt, die Tätigkeit nicht frei von Verbrechenstatbeständen. Welche Einstellung die SA-Wachmannschaften zu den Häftlingen hatten, offenbaren folgende Zeilen des Lagerleiters von Oberlangen vom 6. Juli 1935: „Wachmannschaft besteht zu

90 Prozent aus alten bewährten SA Männern, die den wahren SA Geist in sich tragen und nur Pflichterfüllung, Opferbereitschaft und Disziplin kennen. Ich halte es für besonders wichtig, dass dieser Geist erhalten bleibt, um die aus der Volksgemeinschaft entfernten und unschädlich gemachten Elemente und Volksverräter, die doch zum großen Teil eine erhebliche Gefahr für unser Deutsches Vaterland bedeuten, zu bewachen und ihre Arbeitskräfte zur Urbarmachung des emsländischen Ödlandes zu verwenden."

Besondere Probleme hatten die Kommandantur und die einzelnen Lagerleiter mit der Beaufsichtigung der Gefangenen durch die Wachmannschaften. Viele Wachmänner verließen die Lager, so dass eine Führung der Lager zeitweilig mit erheblichen Schwierigkeiten verbunden war. Der Lagerleiter des Lagers Aschendorfermoor berichtete der Kommandantur am 12. Juni 1935: „Es mehren sich immer mehr Fälle, in denen Angehörige der Lagermannschaft ihren Dienst kündigen. Sehr bedauerlich ist es, dass es immer die Besten sind, die uns verlassen, da sie anderweitig eine gesicherte Position erhalten." Es handelte sich nicht um Einzelfälle. Der Leiter des Lagers Börgermoor prognostizierte für das Frühjahr 1936, dass „bestimmt 50% aus der Wachmannschaft ausscheiden werden." Am 31. Mai 1937 berichtete Schäfer an das Reichsjustizministerium von den Personalschwierigkeiten und stellte in einem Schreiben vom 3. Juni 1937 eine Zusammenstellung auf, aus welcher die Gründe der Entlassung aus dem Dienst hervorgehen. Im Zeitraum von Januar bis Mai 1937 hatten 148 Wachmänner den Dienst in den Lagern aufgegeben. Auf eigenen Wunsch waren 99 Mann ausgeschieden. Zur Schutzpolizei gingen 19, zum Reichssport 4 und in die Reichsjustizverwaltung ebenfalls 4. Wegen Disziplinlosigkeit, Verstoß gegen Zucht und Ordnung, Schädigung des Ansehens der Wachmannschaften wurden 12 Personen aus dem Wachdienst entfernt, wegen Krankheit vier SA-Männer entlassen. Die übrigen – nur jeweils in geringer Zahl – gingen an verschiedene andere Stellen.

Unterschiedliche Gründe sind für diesen hohen Abgang verantwortlich. Da ist einmal die schlechte soziale Absicherung zu nennen. Die Wachmannschaften hatten keinerlei spätere soziale Versorgung, wenn sie den Dienst aufgaben. Außerdem gab es für sie keine Beförderungsmöglichkeiten. Ihr Verdienst war sogar auch nach Einführung einer geringen Sozialversicherung noch derartig niedrig, dass der einzelne „erheblich weniger als der kleinste Arbeitsmann heute im freien Beruf verdient." Von einem Monatsgehalt von netto rund 65,- RM wurden noch ca. 8,- RM abgezogen, so dass der Wachmann einen wöchentlichen Lohn von ca. 14,- RM erhielt. Bei einem derartig geringen Gehalt erregte der Abzug der Sozialkosten noch zusätzlich erhebliche Verärgerung. Ältere SA-Männer ließen verlauten, „dass sie sich das Dritte Reich etwas anders vorgestellt hätten. Stahlhelmer und frühere Gegner des Staates säßen in gesicherten Stellungen und für sie würde nichts getan." Inwieweit der Weggang der Wachmannschaften auch auf Motive zurückzuführen ist, die mit den brutalen Methoden des Dienstes zu tun hatten, ergibt sich aus dem Material verständlicherweise nicht. Die desolate Situation veranlasste die Lagerleiter, eine Verbesserung der Lage zu verlangen. Dazu forderten sie den Kommandeur auf, im Sinne der SA-Männer für eine Verbesserung ihrer Situation in Berlin einzutreten, was Schäfer auch tat. Er selbst sah darüber hinaus in drakonischen administrativen Maßnahmen eine Lösung des Problems. So schlug er dem Ministerium vor, „dass die Wachtruppe Papenburg, von deren Beständigkeit und auch Einsatzfähigkeit letzten Endes das Gelingen des Vierjahresplanes im nördlichen Emsland abhängt, unter eine Sonderbestimmung gebracht wird, wonach der Abgang besonders geregelt, zumindest erheblich erschwert werden muss. [...] Die Wachtruppe Papenburg ist eine Truppe, die zu einem besonderen Zweck mit der Erfüllung einer staatsnotwendigen Aufgabe betraut ist und daher unter keinen Umständen einem dauernden und im Verhältnis außergewöhnlich hohen Wechsel innerhalb des Gesamtbestandes unterworfen sein darf."

Es besteht kein Zweifel, Schäfer hatte zum Zeitpunkt des berningschen Besuches mit erheblichen, den Lagerbetrieb gefährdenden Problemen zu tun. Die Wachmannschaften waren demoralisiert. Selbst Hitler empfing am 12. Februar 1937 eine

Abordnung der Wachmannschaften der Emslandlager, wobei sie ihre Situation schildern konnten. Es musste dem Kommandanten darum gehen, unter den Wachleuten wieder eine Stimmung zu erzeugen, die eine ordnungsgemäße Beaufsichtigung ermöglichte, zumal zeitgleiche Untersuchungen über die Veruntreuung von Geldern auch Anlass gaben zu Gerüchten über den Kommandanten Schäfer selbst. Insbesondere musste es ihm ein Anliegen sein, Befürworter zu finden, die sich in Berlin für die Wachmannschaften und ihren „schwierigen“ Dienst einsetzten. Hier liegt ein Grund für die Einladung Bernings aus Schäfers Sicht. Der Kommandant erhoffte sich dadurch Rückendeckung für eine bessere Behandlung der Wachmannschaften durch den Staat. Darüber hinaus schuf der Besuch des Bischofs, der ja bekanntermaßen für das Emsland zuständig und selbst Emsländer war, die Möglichkeit, im Sinne Schäfers dämpfend auf die Papenburger Bevölkerung zu wirken. Dadurch glaubte er, für die Wachmannschaften eine bessere Atmosphäre in Papenburg schaffen zu können. Aus der Sicht Schäfers war die Einladung Bernings ein geschickter Schachzug. Der Bericht in der Ems-Zeitung fügt sich nahtlos in diese Interessenlage ein. Dies gilt auch für die überlieferte Rede Bernings vor den Wachmannschaften. In ihr bekundet Berning nach der Ems-Zeitung Verständnis für die schwere Arbeit der Wachmannschaften und dankt ihnen „für das, was von Ihnen geleistet wird.“

Obwohl Berning aus pastoralen Gründen zur Unterstützung des neu bestallten Gefangenenseelsorgers Heidkamp in das Lager gekommen war, spricht er nach dem Bericht der Ems-Zeitung vor den Wachmannschaften von sich in einer doppelten Rolle als Bischof von Osnabrück und als „Preußischen Staatsrat“, der für alles dankt, was er auf der langen Fahrt gesehen habe. In dieser Form hat Berning von sich nie gesprochen und eine derartige Identifikation mit dem „Preußischen Staatsrat“ ist ansonsten nicht bekannt. Selbst anlässlich der Eröffnung des Staatsrates am 15. September 1933, bei der er eine äußerst staatsnahe Erklärung abgab, findet sich die Unterteilung als Bischof einerseits und „Preußischer Staatsrat“ andererseits nicht.

Die Verwendung des Begriffes „Staatsrat“ durch Berning im Zusammenhang dieses Besuches ist mithin unwahrscheinlich und spricht für eine freihändige Berichterstattung der Ems-Zeitung. Auch der Hinweis auf Berlin fehlt nicht. Dass Schäfer vor diesem Hintergrund dem Bischof das Lager in der allerbesten Form präsentierte, steht außer Frage. Nur so konnte er auf den hohen Besucher den Eindruck machen, der ihm zum Erreichen der Ziele notwendig schien. Zugleich ist auch erkennbar, dass etwaige Ermahnungen des Bischofs an die Wachmannschaften vom Redakteur nicht aufgenommen werden durften. Kritische Kommentare des Bischofs – sollten sie tatsächlich gefallen sein – hätten der Papenburger Bevölkerung in ihrer ablehnenden Haltung zur Kommandantur und den Lagern nur zusätzliche Nahrung gegeben. Der Beitrag der Ems-Zeitung zum Besuch Bernings entspricht so sehr den Interessen der Kommandantur und dem einladenden Schäfer, dass vor dem Hintergrund der Forschungen zur Ems-Zeitung als gleichgeschaltetes NS-Organ auch unter diesem Gesichtspunkt die Zweifel an der Authentizität des Beitrags erheblich verstärkt werden.

b) Motive Bernings

Der Bischof folgte der Einladung aus durchaus eigenen und spezifischen Interessen, die nicht in seinem Amt als Staatsrat begründet lagen oder etwa in einer Nähe zum Nationalsozialismus, sondern er folgte ihr aus seelsorgerischen und heimatlich-regionalen Gründen. Seine erste Absicht mit diesem Besuch war die Unterstützung von Pfarrer Heidkamp, der zum 1. Januar 1936 die Gefangenenseelsorge im Strafgefangenenlager Aschendorfermoor übernommen hatte. Nur dieses Lager besuchte er. Nach dem Programm der Rundreise streifte man noch die Lager Oberlangen, Neusustrum und Rhede. Das Konzentrationslager Esterwegen besuchte Berning nicht. Heidkamp war noch unerfahren in der Gefangenenseelsorge, weshalb der Bischof ihn zuvor an den Essener Gefängnisseelsorger Buchholz überwiesen hatte. Er sollte ihn in die Besonderheiten der Gefangenenseelsorge einführen. Heidkamp selbst äußerte Bedenken gegen diese Aufgabe. So sah es Berning als zweckmäßig an, ihn mit seinem Besuch zu unterstützen. Darüber hinaus bot sich dem Bischof eine Möglichkeit zur Ansprache an die Gefangenen. Solche Ansprachen hatte Berning immer vorbereitet. Das geschah auch jetzt. Die Rede vor den Gefangengen ist erhalten geblieben. Berning hatte sie noch in Osnabrück konzipiert. Eine Rede vor den Wachmannschaften hatte er nicht vorbereitet. Offensichtlich rechnete er gar nicht damit, vor den Wachmannschaften reden zu sollen. Auch das alles belegt die These vom seelsorglichen Interesse des Bischofs. Gleich zu Beginn heißt es in der Rede an die Gefangenen: „Dankbar bin ich dafür, dass in den Strafgefangenenlagern nunmehr auch kath(olischer) Gottesdienst durch einen eigenen Geistlichen eingerichtet ist. [...] Ich bitte Euch, die Gelegenheit zum Gottesdienst und zur religiösen Belehrung eifrig zu benutzen. Dadurch wird der Glaube in Euch gefestigt." Die gesamte Rede geht tröstend auf die Situation der Gefangenen ein. In ihrem Mittelpunkt steht die religiöse Erbauung und Aufrichtung der Gefangenen. Berning verpflichtet sie deshalb auf den Gehorsam gegenüber Gott und dessen ewige Gesetze. Dabei ermahnt er die Häftlinge auch zum Gehorsam gegenüber den staatlichen Gesetzen, was angesichts der tatsächlichen Entwicklung im Reich befremdet. Diese Redepassage macht deutlich, dass er das Strafgefangenlager Aschendorfermoor für ein ganz „normales" Gefängnis hielt, wie es vielfach im Deutschen Reich anzutreffen war. Es unterstand dem Reichsjustizministerium und nicht wie etwa das Konzentrationslager Esterwegen der SS. Der Besuch von Gefängnissen war eine für Berning durchaus übliche Aufgabe. So besuchte er auch häufig in Lingen das dortige Gefängnis. Er hielt dies für den Teil einer Pastoral, die jene nicht ausgliederte, die in einem besonderen Maße – aus welchen Gründen auch immer – benachteiligt waren oder sich in schwieriger Situation befanden. Das entsprach schon seinem Wahlspruch „Caritas Christi urget". So regte er beispielsweise bei seiner Papstaudienz im Jahre 1933 eine Kommission für Minderheiten an. Immer wieder wies er auch seine Geistlichen darauf hin, sich den Gestrandeten zuzuwenden.

Ein weiterer Grund für Bernings Besuch ist in der heimatlichen Verbundenheit des Bischofs mit dem Emsland zu suchen. Immer wieder betonte er in Predigten vor emsländischen Gemeinden, dass er ein Sohn des Emslandes sei, der treu zu seiner Heimat stehe. In Meppen sagte er nach den Emsländischen Volksblättern vom 31. Mai 1934: „Ich bin durch fast alle Länder der Erde gereist, aber kein Land scheint mir so schön wie unser heimatliches Emsland, ich habe Menschen vieler Länder kennengelernt, aber selten Menschen so treuer, biederer und gläubiger Art wie die Emsländer." Den Bischof muss die ökonomische Entwicklung des Emslandes mit Freude erfüllt haben. Ein Vergleich der wirtschaftlichen Struktur des Emslandes mit dem auf der anderen Seite der Grenze befindlichen holländischen Gebiet machte den extremen Unterschied sichtbar. Hier war Moor, auf der anderen Seite befanden sich wogende Kornfelder. Der Boden war ebenso karg wie der auf deutscher Seite. Wenn man nunmehr intensiver die Moorkultivierung im Emsland betrieb, so ist die Begeisterung des Bischofs darüber verständlich.

c) Interesse der politischen Führung in Berlin

Die Interessenlage der politischen Führung in Berlin offenbart sich in der Berichterstattung des DNB. Die DNB-Meldung berichtet in scheinbar sachlicher Form über den Besuch Bernings. Sie stellt sehr viel stärker, als dies in der Ems-Zeitung geschieht, die allgemeinen Belange der Moorkultivierung als Ausdruck des „Aufbauwerkes des Führers" in den Vordergrund. Der regionale Bezug jenes Berichtes fehlt. Man vergisst nicht zu erwähnen, dass die Besichtigungsfahrt im Lager Aschendorfermoor beendet wurde und der Bischof eine „schön ausgeschmückte Vortragsbaracke" vorfand, „in der man einen Altar aufgebaut hatte." Sodann erwähnt man die Ansprachen Bernings vor den Gefangenen, „in der er", so die Meldung, „die durch den Glauben auferlegte Pflicht zum Gehorsam und zur Treue gegenüber Volk und Staat besonders hervorhob." Die Instrumentalisierung der Äußerungen Bernings auf die NS-Interessen hin, die im Bericht der Ems-Zeitung schon angesetzt hatte, wird hier bis zur

Unkenntlichkeit des Gesagten fortgesetzt. Der Gehorsam gilt jetzt nur noch „Volk und Staat." Die religiöse Grundstruktur der Rede ist überhaupt nicht mehr erkennbar. Abschließend äußert Berning nach diesem Bericht seine „große Befriedigung über die im Emsland durch das Dritte Reich geleistete Kulturarbeit."

Die Verbreitung dieser Meldung durch das DNB im In- und insbesondere im Ausland macht die Interessenlage der Führung deutlich. Ihr geht es nicht um regionale Belange. Sie will darauf hinweisen, dass die Arbeit des „Dritten Reiches" im Dienste des Volkes steht und die Anerkennung selbst in Kreisen der Kirche offenkundig ist. Insbesondere das Ausland soll auf diese Weise mit „unverdächtigen" Personen, wie Bischöfe es in den Augen vieler Menschen sind, beeindruckt werden. Das hatte das Regime in der Tat auch nötig, wenn man bedenkt, dass der Besuch Bernings in die Zeit der propagandistischen Vorbereitung der Olympischen Spiele fällt. Nach Mutmaßungen der Exilkatholiken stand auch die Haftentlassung des Generalpräses Ludwig Wolker, in Haft seit dem 6. Februar 1936, im Zusammenhang mit dieser Entspannungspolitik des Regimes vor den Olympischen Spielen. Mögliche Kritiker sollten auf diese Weise propagandistisch zum Schweigen gebracht werden. Davon gab es genügend. Nicht nur in den USA fanden sich starke Bestrebungen, die Olympischen Spiele 1936 zu boykottieren, sondern auch in Europa. Insbesondere riefen Arbeitersportbewegungen zum Boykott auf. Dazu gesellten sich jüdische Zeitschriften und auch die deutschen Emigranten. Wenngleich sie traditionell wenig Interesse am Sport zeigten, glaubten sie jetzt aber, der Regierung eine propagandistische Niederlage beibringen zu können. Sozialistisch orientierte Vereinigungen wandten sich in den skandinavischen Ländern, England, Frankreich, Holland und der Tschechoslowakei gegen die Teilnahme ihrer Länder an den Spielen. Der Einmarsch in die Rheinlande verstärkte die Boykottbewegung. Dieser Propaganda stellte man die eigene Gegenpropaganda entgegen, indem man gerade jetzt immer wieder den Friedenswillen bekundete. Ausländer sollten von der deutschen Friedensliebe überzeugt werden. Deshalb bot man Fahrten an ins „neue" Deutschland. Im Frühjahr 1936 wurde die Presse angewiesen, die Olympischen Spiele bevorzugt in die Berichterstattung zu übernehmen. Die Auslandswerbung wurde in dieser Zeit noch verstärkt. Die DNB-Meldung über Bernings Besuch in den Emslandlagern ist Teil dieser Gegenpropaganda. Wenn ein Bischof derartig die Arbeit in den Strafgefangenenlagern lobt, dann gibt es keinen Grund für einen Boykott.

d) Schlussfolgerungen

An den Besuch Bernings in dem Strafgefangenenlager knüpfen sich die unterschiedlichsten Interessen: Berning selbst hatte vornehmlich seelsorgerische Motive, die Lagerleitung wollte das Verhältnis zur umgebenden Bevölkerung und die soziale Situation der Wachmannschaften verbessern, die politische Führung in Berlin sah in dem Besuch des Bischofs ein gefundenes Fressen für die Gegenpropaganda gegen die Boykottaufrufe zu den Olympischen Spielen. Dementsprechend verändert sich Adressaten bezogen die Darstellung in den Medien, je nach Interessenlage. Da eine schriftliche Überlieferung außerhalb der NS-Presse fehlt, erzeugt diese Feststellung einige Unsicherheit in der Quellenlage, die Zweifel aufkommen lassen, ob die berningschen Äußerungen in der vorgetragenen Form zutreffen. Dies gilt insbesondere für das Dornröschenzitat. Es suggeriert eine besondere Beziehung Bernings zum Führer, der das Emsland aus der Verschlafenheit geweckt habe. Tatsächlich war es nicht erst der Führer Adolf Hitler, der das Emsland zu kultivieren begann, sondern dies begann schon in der Weimarer Zeit. Insbesondere die in dem Zitat ausgedrückte Nähe Bernings zum Führer entsprach darüber hinaus auch nicht der Realität. Seit Beginn 1934 war sein Vertrauen in den Führer arg strapaziert worden. Er hatte das Protokoll des westdeutschen Bischofskonveniats in Kevelaer im Februar 1934 in einer Schärfe formuliert, dass Kardinal Schulte es von seinem Generalvikar abschwächen ließ. Gegenstand auf dieser Konferenz war nicht irgendeine Fragestellung, sondern das Verhalten Adolf Hitlers in der Frage der Bestallung Rosenbergs zum Schulungsleiter der Partei. Berning gegenüber hatte Hitler ein Jahr vorher ausdrücklich das Gegenteil betont, Rosenberg sei Privatmann und der „Mythus“ sein Privatbuch. Das erklärt den Zorn Bernings. Auch das Gespräch mit Hitler Mitte 1934 brachte keine Fortschritte. Hitler hielt sich nicht an seine Zusage, eine schon formulierte Anweisung an die Parteigliederungen zu erlassen, in der die antikirchlichen Maßnahmen der unteren Ebenen der Partei verboten werden sollten. Im November 1934 stellte Berning fest, dass der NS-Staat „Omnipotenz auf allen Gebieten“ fordere. Das Bild vom Erzengel Michael, der Berning so sehr am Herzen lag, war keine Floskel, sondern zeigte angesichts der Entwicklung des NS-Staates ihre unmittelbare politische Wirkung, sowohl im Hinblick auf die Sicherung der Rechte der Kirche als auch – längerfristig – der Rechte der Menschen. In der Silvesterpredigt 1935 berichtet Berning dann von seiner Vision des Christenverfolgers Kaiser Nero. Der Bischof gab sich am Ende des Jahres 1935 – ein halbes Jahr vor dem Emslandlagerbesuch – keinen übermäßigen Illusionen mehr hin. Im Jahre 1936 hatte Reichskirchenminister Kerrl ihm gesagt: „Das Konkordat gilt für uns nicht mehr, weil wir jetzt die Macht genügend in Händen haben und darum das Konkordat nicht mehr brauchen.“ In seinem Strategiekonzept erscheinen Verhandlungen nur noch als entfernte Möglichkeit. Wie soll sich da das Zitat: „Lange lag das Emsland im Dornröschenschlaf, bis der Prinz kam und es weckte; dieser Prinz ist unser Führer Adolf Hitler.“ in die Gesamtentwicklung des Bischofs bis Mitte 1936 einfügen? Das gilt auch für die ansonsten festzustellende ausgeprägte Führerzentrierung der Berichte. Es passt schlicht nicht und erzwingt daher die Frage nach der Authentizität des Zitates. Die Tatsache, dass für Berning die Seelsorge im Focus des Besuchs stand und nicht primär die wirtschaftliche Entwicklung des Emslandes, ließ ihn gerade nicht von seinen kirchenpolitischen Erfahrungen mit Hitler absehen. Selbst Bernings Eintrag in das Lagerbuch, das demgegenüber auf die Moorkultivierung abzielt, lässt auf keine besondere Führernähe schließen. Häufig wird eingewandt, der Bischof habe das Dornröschenzitat später nicht dementiert. In dem Fall hätte er seine Rolle als Ansprechpartner des Episkopates gefährdet. Alles spricht für eine Fälschung im Interesse des nationalsozialistischen Staates auf seinen verschiedenen Ebenen, der Lagerleitung zur Verbesserung der Lage des Wachpersonals und der Reichsebene zur Abwehr des Olympiaboykottes. Wenn eine Überlieferung derart unsicher ist, kann sie nicht für die Forschung genutzt werden. Auch andere Mitteilungen über Bernings Verhalten etwa im Zusammenhang einer Befreiung jüdischer Militärangehörigen im Offizierslager Eversheide in Eversburg im Jahre 1944 können nicht einbezogen werden, weil sie nicht zweifelsfrei überliefert sind. Es führt kein Weg daran vorbei: Gewissheit über die Rede vor den Wachmannschaften kann nur eine Quelle liefern, die außerhalb der NS-Überlieferung tradiert ist. Nach der Veröffentlichung der Forschungen über Bischof Berning im Dritten Reich im Jahre 1998, die auch eine ausführliche Analyse des Emslandlagerbesuch Bernings beinhaltet, kommt Georg Denzler, ein früherer scharfer Kritiker Bernings, zu dem Ergebnis: „(Die) […] gründliche Analyse ergibt, dass dieses Zitat der Ems-Zeitung keinerlei Echtheit beanspruchen kann, sondern eine gezielte Fälschung darstellt. Damit sollte die jahrelang geführte Kontroverse beendet sein.“ [Das historisch-politische Buch 1 (1999), S.108f.]

7. Marienerscheinungen von Heede

Die folgenden Darlegungen stützen sich auf die umfangreiche Studie von Maria Anna Zumholz über die Marienerscheinungen in Heede, die im Jahre 2004 veröffentlicht wurde. Wer sich genauer informieren möchte, sei auf dieses Buch verwiesen, das im Literaturverzeichnis angegeben ist.

In drei Erscheinungszyklen in den Jahren 1937 bis 1940, so wird berichtet, hätten vier Mädchen aus Heede – die Geschwister Maria und Grete Ganseforth, Anni Schulte und Susi Bruns – die Muttergottes auf dem Friedhof von Heede in Visionen gesehen. Der erste Erscheinungszyklus vollzog sich vom 1. November 1937 bis zum 13. November desselben Jahres und forderte den NS-Staat, aber auch den Bischof und den heimischen Klerus mit der gläubigen Bevölkerung heraus. Nach den

Abb. 17: Menschenansammlung vor dem Haus der Seherinnen

ersten Berichten über die Marienerscheinungen versammelten sich bis zu 5000 Personen auf dem Friedhof von Heede. Darunter waren auch etliche Geistliche aus den Nachbarorten, nicht nur der Pfarrer von Heede. Wie ein Lauffeuer verbreitete sich die Nachricht in den Gemeinden des Emslandes und entsprechend auch unter dem Klerus. Sogleich ging die Gestapo daran, diese Menge auseinanderzutreiben. In den Augen der Nationalsozialisten stellten sie eine gefährliche Zusammenrottung dar, die sich auch gegen das Regime hätte richten können. Dazu bot der kirchenpolitische Kurs des Regimes allen Grund. Niemand konnte sichern, dass es beim Anwachsen der Ereignisse nicht doch auch im Sinne des Regimes unkontrollierbar auswüchse. Entsprechende Erfahrungen hatte das Regime im Oldenburger Münsterland mit dem Kreuzkampf gemacht. Vordergründig gab das Verbot der Schaffung neuer Wallfahrtsstätten und Wallfahrten oder auch öffentlicher Andachten Anlass zum Einschreiten. Berning erfuhr am 8. November 1937 durch Pfarrer Johannes Staelberg von den Ereignissen. Zeitgleich suchte der Gestapobeamte Herbert Herbst aus Osnabrück den Bischof auf, um mit ihm die Angelegenheit zu besprechen. Der Gestapobe-

Abb. 18: Die vier Seherinnen (zu Beginn der vierziger Jahre) von links nach rechts: Maria Ganseforth, Grete Ganseforth, Anni Schulte, Susi Bruns

amte wies Berning auf die Rechtslage hin, dass nach dem Erlass des Reichs- und Preußischen Ministers für die kirchlichen Angelegenheiten vom 17. August 1937 Andachten auf dem Friedhof verboten seien. Eine Eskalation der Ereignisse hätte unabsehbare Folgen für die Gemeinde, die Seherinnen, den Klerus haben können. Berning reagierte daher schon zwei Tage später, am 10. November 1937. Er wies Pfarrer Staelberg an, alle zeremoniellen Handlungen auf dem Friedhof zu unterlassen und die Besucher darauf hinzuweisen, dass das Bischöfliche Ordinariat die Zusammenkünfte nicht wünsche und in der Zukunft unterblieben. Zeitgleich veröffentlichte er im Kirchlichen Amtsblatt die einschlägigen rechtlichen Bestimmungen, die solche Zusammenkünfte untersagten. Jedem Geistlichen des Emslandes musste damit klar sein, auf was er sich einließ, wenn er sich nicht daran hielte und wider alle Bestimmungen die Bewegung unterstützte. Berning selbst enthielt sich zu diesem Zeitpunkt noch aller Wertung. Zunächst musste außerdem eine kirchliche Untersuchung der Marienerscheinungen vorgenommen werden. Ohne sie konnte es von Seiten des Bischofs überhaupt keine positive oder negative Beurteilung der Ereignisse in Heede geben. Deutlich wird, dass aus unterschiedlichen Gründen die kirchliche und die staatliche Seite ein gemeinsames Interesse an einer Eindämmung der Entwicklung hatten: Die Kirche musste sich darüber Klarheit verschaffen, ob es sich bei dem Geschehen um eine authentische, durch die Kirche anzuerkennende Marienerscheinung handle, während der Staat die Geschehnisse als Bedrohung für das Regime sah. Zudem hatte Berning auch eine Verpflichtung gegenüber den Seherinnen und auch der Gemeinde in Heede. Sie durften nicht in Konflikte mit dem Staat geraten, durch die sie Schaden nehmen könnten. Ohnehin war es schon zu Verhaftungen von Geistlichen gekommen. Es war eine Gemengelage, in der Berning in der regionalen Öffentlichkeit als Handlanger des Staates erscheinen konnte, obwohl dies nicht der Realität entsprach – und er konnte sich diesem Eindruck nicht einmal öffentlich entgegenstellen.

Pfarrer Staelberg hielt sich zwar formal an die Anweisung des Bischofs, mäßigend auf die Bewegung einzuwirken, aber dies nur sehr halbherzig. Zwar hatte er die Anweisungen Bernings mitgeteilt, sich selbst auch daran gehalten, aber keine Anstalten gemacht, andere Geistliche zurückzuhalten. Außerdem widersetzte er sich auch Anweisungen der Gestapo. Am 29. November 1937 kam es deshalb zum erneuten Gespräch zwischen dem Gestapobeamten Herbst und Bischof Berning. In dessen Folge wurde Pfarrer Staelberg von Berning beurlaubt. Dabei kam dem Bischof entgegen, dass der Pfarrer an einem Schlaganfall litt. Am 2. Dezember verzichtete er auf die Pfarrstelle. Sollte sich die Situation nicht weiter verschärfen, so musste Berning einen Ausweg aus der Lage finden. Die Gestapo hatte die Seherinnen zur psychiatrischen Untersuchung nach Göttingen zu Prof. Ewald gegeben und ein Gutachten über den Gesundheitszustand der Mädchen erstellen lassen. Nach der Untersuchung bat Berning die Gestapo um Übergabe der Mädchen, um sich selbst ein Bild von den Kindern zu machen. Er ließ sie dann zur Untersuchung ins Marienhospital einweisen und besuchte sie dort auch selbst. Darüber hinaus galt es, ein Zeichen an die Öffentlichkeit zu geben. Zu sehr hatten sich die Gegensätze und Missverständnisse aufgeschaukelt. Eine vorläufige Beruhigung gelang ihm mit einer kirchenamtlichen Verlautbarung des Generalvikariates am 8. Januar 1938 im Kirchlichen Amtsblatt. In ihr wies er darauf hin, dass die Kirche Privatoffenbarungen gegenüber zurückhaltend sei, sich keine Beweise für übernatürliche Geschehnisse ergeben hätten. Deshalb sei es kirchlicherseits unerwünscht, wenn Pilger- und Wallfahrten in irgendeiner Form nach Heede wieder aufgenommen würden. Abschließend belehrte er den Klerus, dass die Maßgaben der Kirche für alle diese Fragen entscheidend seien und nicht das subjektive Empfinden des einzelnen Gläubigen. Die Verlautbarung war ein geschickter Schachzug des Bischofs. Sie zielte auf eine Beruhigung der Gestapo, zeigte, dass Bernings Verhalten keine subjektive Entscheidung des Bischofs war, sondern der kirchlichen Tradition entsprach und nicht durch das Verlangen der Nationalsozialisten bestimmt war. Dass er bei seinen Entscheidungen die Zeitumstände einbeziehen musste, ist selbstverständlich. Sie aber bestimmten nicht ausschließlich sein Verhalten. Es ging ihm um den Schutz der Kinder und der Gemeinde in Verantwortung gegenüber der kirchlichen Tradition in diesen Fragen. Dies entsprach auch seinem Immunisierungs- und Abwehrkurs. Vor dem Hintergrund war es faktisch eben auch eine Konfliktvermeidungsstrategie gegenüber dem Staat. In der Folgezeit schwoll die Bewegung im Emsland an. In regelmäßigen selbst organisierten Wallfahrten versammelten sich die Menschen gegen den Willen des Bischofs in Heede. Selbst das NS-Regime resignierte vor dieser Entwicklung.

Anfang März 1938 richtete Berning eine Untersuchungskommission ein. Sie sollte beteiligte Personen befragen, den Tatbestand feststellen ohne eigene Wertung. Diese Kommission, zusammengesetzt aus Geistlichen der Bistumsleitung und von Geistlichen aus der Region um Heede, kam aber nicht zu einem abschließenden Ergebnis, sondern trug lediglich die Befragungsergebnisse zusammen. Dass sie nicht recht vorankam, war in Krankheit und Tod verschiedener Beteiligter begründet, die Berning dann aber auch nicht durch neues Personal ersetzte. Er behandelte die Angelegenheit zögerlich. So glaubte er Zeit gewinnen zu können. Inzwischen hatte Rom von der Angelegenheit Kenntnis bekommen und forderte ihn über den Nuntius auf, einen Bericht einzureichen. Diesen fertigte er Anfang des Jahres 1943 an und übersandte ihn am 6. Februar 1943 über den Nuntius an den Papst. Dieser Bericht war außergewöhnlich positiv gestimmt, ohne eine eigene Wertung in der Sache abzugeben. Er schilderte das Verhalten der Mädchen als völlig natürlich, ohne äußeren Einfluss auf das Erleben der Seherinnen. Ebenso teilte er seine eigenen zurückhaltenden Maßnahmen mit, wobei der Hinweis auf die besonderen Zeitumstände nicht fehlte. Eine Approbation Heedes als Wallfahrtsort hätte zu unnötigen Konflikten mit dem NS-Regime geführt. Zugleich wies er darauf hin, dass das religiöse Leben und die Marienverehrung im Emsland durch die Vorgänge zugenommen hätten. Am 17. August 1943 erreichte ihn das Antwortschreiben Roms. Das Heilige Offizium bestätigte den Eingang des Schreibens und empfahl „weitere Zurückhaltung in der Sache".

Trotz aller Vorsicht, die sein Verhalten im Fall der Marienerscheinungen von Heede bestimmte, begrüßte er die Intensivierung des religiösen Lebens, die durch die Ereignisse hervorgerufen wurde. Wallfahrten und Marienverehrung gegenüber war er gerade nicht abgeneigt. Im Gegenteil, er förderte sie auch in seiner Diözese. Auch dies entsprach seinem strategischen Konzept in der NS-Zeit. Nicht nur nahm er an allen bedeutenden Wallfahrten in Rulle, Clemenswerth und Wietmarschen teil, sondern förderte auch die Teilnahme der Gläubigen. Er bezeichnete die Wallfahrten als große Kundgebungen des Glaubens. Zehntausende von Gläubigen nahmen an diesen religiösen Veranstaltungen teil. Die hohe Zahl der Teilnehmer veranlasste ihn darauf hinzuweisen, dass es sich bei den Zusammenkünften nicht um politische Demonstrationen handele, sondern um Glaubenskundgebungen unter dem Zeichen der Marienverehrung. Diese war auch für Berning persönlich ein wesentliches Glaubenselement. Am 29. September 1940, als die Erscheinungen in Heede noch andauerten, weihte er das Bistum Osnabrück der Gottesmutter und erklärte Maria „zur besonderen Schutzpatronin für unsere Diözese und für alle Familien". Diesen Tag ließ er nicht nur als einmaligen Akt geschehen, sondern erneuerte ihn in den folgenden Jahren immer wieder. Insbesondere der Oktobermonat war so als Rosenkranzmonat der Marienmonat.

Nach 1945 erwarteten die Gläubigen im Emsland und auch der Klerus eine schnelle und problemlose Approbation Heedes als Wallfahrtsstätte. Dies geschah aber nicht. Darüber gab es durchaus Verärgerung. Man verstand nicht, dass Berning nicht nur aus Rücksicht auf die Zeitumstände der NS-Herrschaft gehandelt hatte, sondern insbesondere auch entsprechend den kirchlichen Bestimmungen. Außerdem hielt ihn die Flüchtlingsintegration davon ab. Mit ihr war er in dieser Zeit sehr beschäftigt, wie er selbst bekundete. Daher überließ er die Entwicklung in Heede ihren eigenen Gesetzen unter der Ägide von Pfarrer Rudolf Diekmann. Dabei kam es zu allerlei Skurrilität und eigentümlichen Geschehnissen, die geeignet waren, die Marienerscheinungen aus den Jahren 1937 bis 1940 in Misskredit zu bringen. Insbesondere wurden weitere sog. Privatoffenbarungen einer der Seherinnen verbreitet, von denen man feststellte, dass sie einer Schrift von Beningna Consolata aus dem Jahre 1921 entstammten. Damit wollte Pfarrer Diekmann die Gläubigen gegen „moderne Versuchungen" wie etwa den Tanz immunisieren. Gegen dieses Treiben ging Berning mit aller Entschiedenheit und seiner ganzen bischöflichen Autorität vor. Er untersagte dem Pfarrer derartige Veröffentlichungen und stellte sie in den Zusammenhang von Lüge, Wahrsagerei und Aberglauben. Im August 1948 setzte er erneut eine Untersuchungskommission ein, die allerdings zu keiner klaren Entscheidung kam. So standen sich dieses Ergebnis einerseits und die Erwartungen der Marienverehrer in der Diözese andererseits gegenüber. Die Entwicklungen in der Nachkriegszeit hatten es inzwischen unmöglich gemacht, die Marienerscheinungen anzuerkennen und Heede als Wallfahrtsort zu approbieren. Der Bischof gab keine öffentliche Erklärung ab. Inzwischen hatte sich aufgrund der Ereignisse in der Nachkriegszeit seine zustimmende Haltung aus der Anfangszeit der Erscheinungen 1937 in Bedenken gewandelt. Die Heede-Frage wurde daher vor seinem Tod nicht mehr gelöst. Die spätere Einrichtung als Gebetsstätte hatte sich faktisch in der Zeit Bernings herausgebildet.

Man wird nicht umhin können festzustellen, dass die ablehnende Haltung des Bischofs gegenüber den Heeder Ereignissen in der NS-Zeit wie auch seine Unentschiedenheit in der Nachkriegszeit weiter zu Vorbehalten der Gläubigen gegenüber ihren Bischof beigetragen haben. Die Übernahme des Staatsratsamtes 1933, sein Emslandlagerbesuch 1936 und seine Zurückhaltung gegenüber den Ereignissen in Heede verdichteten sich im Emsland zu dem Wort vom „Nazibischof". Im Katalog anlässlich der 1200-Jahr Feier der Stadt Osnabrück 1980 heißt es: „Der Volksmund nannte ihn häufig ‚Nazi-Bischof'. Diese Einschätzung ist vollkommen unberechtigt und verkennt die Leistungen und den Standort des Bischofs. Wenn er Heede nicht als Wallfahrtsort anerkannte, so hat das seinen Grund in den kirchlichen Forderungen nach Zurückhaltung bei solchen Ereignissen und der Vermeidung von Nachstellungen der Seherinnen und ihrer Familien durch die NS-Staatsmacht.

8. Reaktion auf die Euthanasieentscheidung Hitlers

Die Nationalsozialisten verschärften unter den Bedingungen des Krieges nicht nur den Kirchenkampf, sondern schritten auch zur Tat, was die Durchsetzung ihrer rassistischen Vorstellungen anging. Diese führten auch zur Euthanasie. Durch sie sollten alle Behinderten und unheilbar Kranken, die der deutschen Volksgemeinschaft oder auch anderen Völkern angehörten, beseitigt werden. Die Euthanasie-Aktion war im Herbst 1939 auf geheimen Führerbefehl von Ende Oktober hin, zurückdatiert auf den 1. September 1939, in Gang gesetzt worden. Erst allmählich und langsam erfuhren die Kirchen von diesen Maßnahmen, die evangelischen Kirchenvertreter früher als die katholischen Bischöfe, da die Aktionen zumeist in Gebieten begonnen wurden, die vornehmlich von evangelischen Christen bewohnt waren. So kam es im Januar 1940 zunächst zu Abholaktionen aus den Heilanstalten in Pommern, Brandenburg/Berlin, Sachsen, Hamburg und Württemberg. Schon Anfang Juni 1940 richtete der Freiburger Erzbischof Gröber in dieser Frage eine erste Eingabe an das badische Innenministerium. Bertram wandte sich am 11. August 1940 in einem Protestbrief an die Reichskanzlei. Nach Bekanntwerden der Euthanasie-Aktion wurde auch Berning bei der Reichsregierung vorstellig, wo man ihm beschwichtigend mitteilte, es würden „Geisteskranke" nur aus staatlichen, nicht aus kirchlichen Anstalten abgeholt. Damit wurde klar, wie wenig wirkungsvoll persönliche Vorstellungen Bernings bei der Regierung waren. Die Fuldaer Bischofskonferenz vom August 1940 befasste sich mit dieser Frage und beschloss einen Protest. Persönliche Vorstellungen der Bischöfe Berning und Wienken sowie des Prälaten Kreutz, auch die verschiedenen Protestschreiben Bertrams und anderer Bischöfe brachten keine Aufhebung des Führerbefehls in der Euthanasiefrage. Radio London meldete am 18. Januar 1941, der Vatikan habe ein Dekret erlassen, das „den öffentlichen Behörden die Tötung von Personen untersagt, die körperlich oder geistig nicht vollwertig sind, mit der Begründung, sie seien für den Staat ohne Nutzen." Nach dieser Meldung hob der Vatikan hervor, dass ein solches Vergehen „gegen Naturrecht und göttliches Recht" verstoße. Ausführlich informierte Radio London um Mitternacht vom 18. Januar auf den 19. Januar 1941 über die Euthanasiemaßnahmen in Deutschland und nannte die Zahl von 100.000 Ermordeten. Recht hoffnungslos notierte Berning in sein Tagebuch unter dem 6. Mai 1941: „Geht auf ausdrückliche Befehle des Führers zurück. 200.000 Menschen kommen in Frage. Eine Beschwerde dagegen nicht mehr möglich." Damit war klar, auf dem Wege der Eingabepolitik war keine Rücknahme des Tötungsbefehls erreichbar. Zugleich versetzte diese Entwicklung dem Eingaben Bertrams einen schweren Schlag, was auch Berning zur Kenntnis nehmen musste. Nun blieb nur noch die Öffentlichkeit, indem Bischöfe in ihren Predigten auf diesen Umstand hinwiesen.

Besonders bedrängte diese Entwicklung Bischof Galen. Er wandte sich deshalb in einem Schreiben an seinen Nachbarbischof in Osnabrück, mit dem er auch im westdeutschen Bischofskonveniat inzwischen eng zusammenarbeitete. Am 26. Mai 1941 teilte er dem Osnabrücker seine Gewissensnöte mit, angesichts der Unrechtstaten des Regimes weiterhin zu schweigen. „Wenn wir das", so Galen, „ohne öffentlichen Protest hinnehmen dürfen, wo ist dann überhaupt noch der Punkt, an dem es für uns Pflicht wird, für die Freiheit der Kirche öffentlich einzutreten und gegebenenfalls die eigene Freiheit und das Leben zum Opfer zu bringen?" Galen äußerte zugleich seine negative Einschätzung der „papierenen und wirkungslosen, der Öffentlichkeit unbekannten Proteste des Vorsitzenden der Fuldaer Bischofskonferenz." Galens Äußerungen waren Ausdruck der Unterdrückung kirchlicher Freiheit vor dem Hintergrund des Krieges, nicht aber spezifisch auf die Euthanasie ausgerichtet. In Berning als dem nach dem Tode Kardinal Schultes von Köln (11. März 1941) inzwischen kommissarischen Vorsitzenden des westdeutschen Bischofskonveniats glaubte er jemanden zu finden, der im Gegensatz zu Bertram das öffentliche „Schweigen" des Episkopates durchbrechen könnte. Berning hatte die bertramsche Eingabe- und Verhandlungspolitik in ihrer Einseitigkeit ohnehin nicht mehr vorbehaltlos gestützt. Galen lehnte mithin zunächst einen Alleingang ab und trachtete danach, seine Aktivitäten trotz der unterschiedlichen Einschätzung der Vorgehensweise innerhalb des Bischofskollegiums in die Abwehrfront des Gesamtepiskopates, mindestens des westdeutschen Bischofskonveniats, einzubetten. Zudem traf der Brief Berning in einer Situation, in der dieser die Willkür des Regimes gerade in aller Brutalität im eigenen Bistum etwa an der Schließung von Klöstern kennengelernt hatte. Die politische Situation spitzte sich in der Wahrnehmung Bernings immer weiter zu. Der vorwärts drängende Teil des Bischofskollegiums in der Gestalt Galens einerseits, aber auch das gläubige Volk andererseits, wie die Ruller Predigt 1941 deutlich macht, ließen sich nicht mehr mit Eingaben beruhigen. Es war ein öffentliches Wort gegen die

Gräueltaten des Regimes geboten. Beredtes Symbol für diese Entwicklung war die Tatsache, dass Bertram seit 1941 nicht mehr an den Bischofskonferenzen teilnahm.

Die Wallfahrt nach Rulle am 8. Juni 1941 bot Berning die erste Gelegenheit nach Erhalt des galenschen Briefes auf dessen Anliegen öffentlich zu reagieren. In dieser Predigt äußerte sich Berning zu allen Fragen, welche die Kirche und die Bischöfe bedrängten. So sagt er: „Es wurden uns die katholischen Schulen genommen, [...] Wir haben um die Erhaltung der Schulen gekämpft und gerungen, weil es uns um das Heil der Kinder geht, des Besten, was wir haben. [...] Es wurden uns auch die Mittel religiöser Fachpresse genommen, unser überall geliebter Kirchenbote, der die gleiche Botschaft in die Familien trug.“ Damit begnügte Berning sich nicht. Ohne dass dies im Schreiben Galens angedeutet war, kam er – noch vor den Predigten des Münsteraner Bischofs, aber nicht in dessen Schärfe einen Monat später – in Rulle auf die Tötung von Menschen zu sprechen, wenn er die christlichen Grundsätze der Kirche beschwor und den Gläubigen zurief, dass der „Schutz des menschlichen Lebens und Leibes gar nicht beachtet“ werde. Die Bischöfe hätten ihre Stimme immer wieder dagegen warnend erhoben, wie sie es beispielsweise im Fall der Sterilisation getan haben. Abschließend äußerte er sich zur Kritik an den Bischöfen, wonach sie sich doch deutlicher und klarer hätten zu Wort melden müssen. Dazu sagte er, dass es, „aus der Nähe betrachtet, so entsetzlich schwer sei“ zu entscheiden. „Seid versichert“, so Berning, „dass die Bischöfe nicht schlafen, dass sie unermüdlich gegen alles, was der Kirche zugefügt wird, Protest erheben, dass sie für die Erhaltung der katholischen Presse bis an höchster Stelle Vorstellung erhoben haben, dass sie *** (unleserlich) weichen müssen, aber niemals kirchliche Lehren und Grundsätze preisgeben.“ Die Äußerungen Bernings zeigen die Erwartungen der Gläubigen. Man wollte ein deutliches und klares Wort gegen den Staatsterror hören. Während sich Bertram diesem Verlangen entzog, stellte sich Berning ihm.

Die Predigt macht deutlich, dass Berning Galens Ruf in richtiger Weise verstanden und sich nicht gescheut hat, sogleich öffentlich in dessen Sinne vor die Gläubigen zu treten. Darüber hinaus zeigt die Tatsache, dass er auch die Tötung von Menschen ansprach, ohne dass Galen dies in seinem Brief direkt erwähnt hatte. Er ist auf die Beachtung der allgemeinen Menschenrechte hin ausgerichtet – „im Interesse der Menschlichkeit", wie der Bischof in sein Tagebuch schrieb. Berning beließ es bei der Ruller Predigt nicht. Zeitgleich entwarf er einen Hirtenbrief, der auf dem Kevelaerer Bischofskonveniat vom 9./10. Juni 1941 besprochen, gutgeheißen und dann der Plenarkonferenz in Fulda zwei Wochen später zur Zustimmung vorgelegt wurde. Bernings Entwurf wurde sodann in einigen Passagen verschärft und daraufhin akzeptiert. Auch in diesem Hirtenbriefentwurf nahm Berning alle kritischen Punkte auf, die sich aus Sicht der Kirche inzwischen „angesammelt" hatten und die schon in Rulle von ihm benannt worden waren. Das oberhirtliche Wort prangerte die „Beschränkungen und Beengungen, die der freien Glaubensverkündigung und dem religiös-kirchlichen Leben in der letzten Zeit bereitet werden", an. Als Fazit schrieb Berning in den Entwurf: „Es geht um Sein oder Nichtsein des Christentums und der Kirche in Deutschland." Sodann legte der Bischof dar: „Es gibt aber auch heilige Gewissenspflichten, von denen uns niemand befreien kann, und die wir erfüllen müssen, koste es uns selbst das Leben: Nie, unter keinen Umständen darf der Mensch Gott lästern, nie darf er seinen Mitmenschen hassen, nie darf er außerhalb des Krieges und der gerechten Notwehr einen Unschuldigen töten, nie darf er ehebrechen, nie lügen." Mit diesen Formulierungen griff er Gedanken seiner Silvesterpredigt 1939 – nunmehr vor dem Hintergrund der Euthanasie-Aktion – auf. Aus der Sicht Bernings und der Bischöfe verschränkten sich die einzelnen Bereiche miteinander. Die Verfolgung der Kirche ist nicht nur dann gegeben, wenn die Institution angegriffen und die Verkündigung verunmöglicht wird, sondern auch wenn die Zehn Gebote und das Naturrecht verletzt oder durch den Staat außer Kraft gesetzt werden. Der Staat hat der „cura religionis" verpflichtet zu sein.

Obwohl das Hirtenwort der Bischöfe vom 6. Juli 1941 im Kirchenvolk wegen seiner Klarheit allgemein wohltuend aufgenommen wurde, konnte es dabei nicht bleiben. Vier Wochen später prangerte Galen, an konkrete Ereignisse in Heilanstalten seiner Diözese anknüpfend, die Euthanasie in seinem Bistum an. Ihm folgten nach dem jetzigen Stand der Forschungen Antonius Hilfrich von Limburg und in Berlin Prälat Bernhard Lichtenberg, Bischof Bornewassser von Trier und auch Berning von Osnabrück am 17. November 1941 in Hamburg in einer Predigt vor Frauen. „Es wird, so Berning, untergraben die Ehrfurcht vor Gott und vor den Heiligen." Ein Beispiel für die Ehrfurchtslosigkeit war ihm die Missachtung der „Heiligkeit des Lebens." Er rief in die Menge: „Tausende von Geisteskranken sind im Zuge sogenannter planwirtschaftl(icher) Maßnahmen des Staates im Laufe des letzten Jahres getötet, weil deren Leben unwert und unproduktiv sei. Die vorsätzliche Tötung eines unschuldigen Menschen, auch wenn es ein armer Geisteskranker ist, ist und bleibt unerlaubt, weil durch das 5. Gebot Gottes und durch das Strafgesetz verboten. (Absatz) Zurzeit läuft in Deutschland der Film: Ich klage an. Der künstlerisch wertvolle Film missbraucht die edle Kraft des Mitleids mit menschlichem Elend. Er will zu dem Irrtum verführen, Tötung unheilbar Erkrankter auf eigenes Verlangen hin sei erlaubt. Demgegenüber sagt das christliche Sittengesetz: Nie und nimmer darf der Mensch über eigenes oder fremdes Leben verfügen, es sei denn durch gerechten Richterspruch verwirkt oder in Notwehr um eigenes oder im Kriege um das Leben des Volkes gefordert. Denn Herr über Leben und Tod ist Gott allein. Wird das fünfte Gebot an irgendeiner Stelle durchbrochen, dann sind die Folgen unübersehbar. (Absatz) Ihr Frauen, die Ihr das Leben im Mutterschoße fühlt, die ihr das Leben der gesunden und kranken Kinder hegt und pflegt, die Ihr mit Eurem Mitleid den Kranken das Leid erträglich macht, habt besonders ein sicheres Gefühl der Ehrfurcht vor dem Leben. Ihr müsst mitwirken, dass diese Ehrfurcht in Eurer Familie und Eurem Bekanntenkreise erhalten bleibt."

Die Predigten gegen die Euthanasie waren keine konzertierte Aktion, wie es uns aus dem Kevelaerer Bischofskonveniat vom Februar 1934 bekannt ist. Dennoch prangerten die Prediger mit aller Entschiedenheit und kompromisslos die Euthanasie an. Die Öffentlichkeit war unterrichtet. Die Predigt Galens führte dazu, dass Hitler die T4-Aktion – Vergasung unheilbarer Kranker – am 24. August 1941 untersagte. Dennoch hörte die Euthanasie nicht auf. Sie wandelte sich in die sog. „Wilde Euthanasie", die nicht mehr bürokratisch geregelt war – eine gleichsam „ungeordnete" Euthanasie. Ärzte und Kliniken entschieden selbst über die Tötungsmethoden. Es gibt Hinweise, dass auch in dieser Phase der Euthanasie die regelnde Hand von Reichsstellen beteiligt war. Es war ein Zusammenwirken zwischen Ärzten vor Ort und der Zentrale in Berlin. Die Tötung wurde in anderer Weise fortgesetzt. Bevorzugt setzte man nun auf Verhungern und die Verabreichung von Medikamenten in Überdosis wie z. B. Luminal. Der Leipziger Professor Paul Nitsche entwickelte ein „Luminal-Schema", nach dessen Einnahme etwa vom Hunger körperlich geschwächte Personen an Lungenentzündung erkrankten. Mitunter wurden diese Methoden auch kombiniert. Aller Protest der Bischöfe führte zu keinem Ende der Tötung, sondern nur zur Änderung des Verfahrens. Die Frage der Osnabrücker Nachrichten vom 2. Dezember 2012 „Warum bot die Kirche keinen Schutz?" im Zusammenhang der Euthanasie an Kindern aus dem damaligen Waisenhaus St. Johann findet ihre Antwort darin, dass die Kirche machtlos war gegen das teuflische Treiben der Nationalsozialisten und ihrer vielen Helfershelfer im ärztlichen Stand. Obwohl man die Öffentlichkeit aufrüttelte, töteten die Schergen weiter. Mithin: der Appell an die Öffentlichkeit führte nicht zur Verhaltensänderung in grundsätzlichen rassistischen Fragen – getragen von Ärzten vor Ort. Der Rassismus gehörte derart zum Selbstverständnis des Regimes, dass daran auch alle öffentlichen Proteste abprallten. Die These, eine Rede der Bischöfe in der Öffentlichkeit hätte die Untaten des Regimes beendet, erweist sich als unzutreffend. Das macht das Beispiel der Euthanasie deutlich. Festzuhalten ist: Berning äußerte sich wie auch andere Bischöfe öffentlich gegen die Euthanasie, ohne ihr ein Ende bereiten zu können.

9. Klostersturm im Bistum Osnabrück

Zu Beginn der vierziger Jahre erregte die Bischöfe aber nicht nur die Euthanasie, sondern auch die Beschlagnahme von Klöstern. Dieser Vorgang wurde in der Forschung „Klostersturm" genannt. Es sollten die Orden als zentraler Nährboden für religiös-kirchliches Leben beseitigt werden. Bernings eigene Diözese wurde nicht verschont. Schon im Februar 1941 wurde das von Franziskanerinnen aus Thuine geleitete Altersheim im Schloss Sutthausen bei Osnabrück beschlagnahmt. Alle sofortigen Versuche des Bischofs bei den Zentralbehörden, diese Entscheidung rückgängig zu machen, scheiterten. Am 15. Mai 1941 wurden das Missionshaus der Maristenpatres in Meppen, das Kloster der Maristenpatres in Ahmsen (Kreis Meppen), das Mutterhaus der Missionsschwestern Mariens in Meppen, das Ursulinenkloster Haselünne, die Fürsorgeerziehungsanstalt Johannesburg der Hiltruper Patres in Börgermoor, das Franziskanerkloster Ohrbeck bei Osnabrück, das Ursulinenkloster St. Angela in Osnabrück-Haste und auch das Ursulinenkloster St. Ursula in Osnabrück beschlagnahmt. In allen Fällen erfand man Vorwände, um die Maßnahmen durchführen zu können. So hatte man beispielsweise bei den Maristenpatres in Meppen in einem dem allgemeinen Publikum zugänglichen Hausflur unter einem Schrank eine Rolle Flugschriften gefunden. Ähnliche Ergebnisse fanden sich bei den Durchsuchungen eines Teiles des Missionshauses, der von der Wehrmacht zu Quartierzwecken belegt, den Hausangehörigen aber unzugänglich war. In keinem Fall konnte man die Herkunft der Flugblätter aufklären. Die Verbreitung von Flugschriften musste auch in anderen Fällen von Beschlagnahme herhalten. Die Ordensfrauen des Ursulinenklosters in Haselünne, das nach der Enteignung in eine Nationalpolitische Erziehungsanstalt umgewandelt wurde, mussten sich „besondere" Begründungen für die Beschlagnahme anhören: „a. man habe im Garten den Salat ‚schießen lassen', b. man habe die im Keller lagernden Kartoffeln nicht entkeimt, c. in der Bibliothek seien englische Flugblätter gefunden worden." Das Missionshaus der Marienschwestern in Meppen wurde ohne jeglichen Grund beschlagnahmt. Am 28. April 1941 durchsuchten sieben Vertreter der Gestapo das Mutterhaus. Da man nichts Verdächtiges fand, verließ man das Kloster unverrichteter Dinge. Gut zwei Wochen später – am 15. Mai – beschlagnahmte man es dann doch. Gründe spielten keine Rolle, und das Einwirken des Ordensgründers, Bischof Berning, richtete auch nichts aus.

Wegen der Beschlagnahmen in seinem Bistum wurde Berning sogleich am 7. Mai beim RSHA vorstellig. Er verwies darauf, dass die Urheberschaft der Ordensleute nicht erwiesen sei. Ihm gegenüber bezeichneten die Beamten „die Beweisführung als eine ‚Konstruktion'". Dennoch blieb es bei den Beschlagnahmen. Der Willkür war Tür und Tor geöffnet. Die Gestapo-Beamten bemühten sich Berning gegenüber nicht einmal, die Begründungen für die Maßnahmen des Regimes mit irgendwelchen Vorwänden zu bemänteln. Am 27. August 1941 richtete der Bischof daher einen Protest an den Reichsinnen- und den Reichskirchenminister. Darin schrieb er: „Ich habe [...] die Vorgänge bei der Beschlagnahme der Häuser in ihren wesentlichen Punkten kurz dargelegt, um Gelegenheit zu nehmen, auf die ungeheuerliche Rechtsbeugung aufmerksam zu machen, die eine Einziehung darstellen würde." Die staatspolizeilichen Maßnahmen könnten „nicht einmal mit einem Schein des Rechts bemäntelt werden." Weiter schrieb Berning: „Der Tatbestand ist so mager und unbewiesen, dass bei der Möglichkeit einer Nachprüfung der Maßnahmen im ordentlichen Rechtsweg sämtliche Verfügungen rücksichtslos der Aufhebung verfallen würden. Die Erklärung der Einziehung der Klöster würde bei solcher Sachlage das Vertrauen weiter Volkskreise in die Gerechtigkeit der Staatsführung ins Wanken bringen. [...] Es scheint mir ernster Erwägung wert, ob es nicht höchste Zeit ist, dass eine einsichtige Staatsführung dem Vorgehen der Staatspolizei Einhalt gebieten soll." In den weiteren Ausführungen sprach Berning von „Willkürakte(n)", forderte Vertragsverhältnisse, wie sie „in einem Rechtsstaat selbstverständlich sein" sollten, und nutzte den Krieg gegen den NS-Staat für die Interessen der Kirche: „Lähmende Bestürzung hat aber weite Kreise der Bevölkerung befallen, dass im Höhepunkt des Kampfes gegen den Feind aller Kirchen, den Bolschewismus, im eigenen Vaterlande eine Verfolgung der Klöster aufgezogen wird. Ich diene deshalb nicht nur als Bischof der Sache der Gerechtigkeit, wenn ich auf das geschehene Unrecht hinweise, sondern ebenso sehr der Stärkung der im katholischen Volksteil gefährdeten Heimatfront, wenn ich dringend die Überprüfung und Rückgängigmachung der Beschlagnahmen verlange." Sollte Berning noch irgendwelche Reste an Vorstellungen vom NS-Staat als einem Staat gehabt haben, mit dem man zu gerechten Übereinkommen gelangen könnte, so verschwanden sie in der Folge der weiteren Ereignisse des Jahres 1941 zusehends.

Es gelang dem Bischof, für einige in der Stadt Osnabrück liegende Klöster und das Kloster Ohrbeck mit Hilfe der Wehrmacht Verwendungsmöglichkeiten zu finden, die das kirchliche oder klösterliche Eigentum an den Gebäuden sicherstellte und – was die Frauenklöster anging – den jeweiligen Konvent bestehen ließen. In allen Fällen hat sich die örtliche Wehrmachtsvertretung gegen die Interessen der Partei durchsetzen können. Als Beispiel soll die Beschlagnahmeaktion der Gestapo im Fall des Klosters der Ewigen Anbetung in Osnabrück genannt sein. Das Kloster der Ewigen Anbetung war Anlaufstelle für Nonnen, die aus anderen Klöstern vertrieben worden waren. Die Gestapo forderte sie im Juli 1941 auf, sich nicht dort niederzulassen, da das Kloster ohnehin in den „nächsten Tagen" geräumt werden müsse. Wollte man in irgendeiner Form die Gebäude der Klostergemeinschaft erhalten, so durfte es erst gar nicht zu einer Beschlagnahme durch die Gestapo kommen. Seitens der Bischöflichen Behörde erhielt Standortoffizier Hauptmann Boos daher eine vertrauliche Nachricht, wodurch die Lage schnell geklärt werden konnte. Am 20. Juli 1941 fuhren Vertreter der Wehrmacht vor dem Kloster vor und errichteten dort eine für den Wehrkreis-Sanitäts-Park VI bestimmte Verbandsmittelabteilung. Als äußeres Zeichen dieser Maßnahme wurde ein entsprechendes Schild am Eingangstor angebracht, das die Zweckbestimmung allen kundtat. Außerdem hatte der zuständige Apotheker in dem Haus Quartier genommen. Die Gestapo kam schließlich vergeblich, weil das Haus bereits den Zwecken der Wehrmacht zugeführt worden war. Die Schwestern wurden Mitglieder im Reichsarbeitsdienst und entsprechend den geltenden Tarifen entlohnt. Das Leben in der Gemeinschaft – und das war für sie entscheidend – wurde auf diese Weise zwar beeinträchtigt, konnte aber dennoch grundsätzlich weitergeführt werden. Auf diese oder ähnliche Weise gelang es mit Hilfe der Wehrmacht, auch die anderen klösterlichen Frauengemeinschaften in Osnabrück zu erhalten.

Wenn der Bischof in manchen Fällen bei der Beschlagnahme zugegen sein oder sie sogar verhindern konnte, so war das auch auf Informanten aus der Gestapo zurückzuführen. Dies galt beispielsweise für das Mitglied der Gestapo Heimann, das in Haste über der Parterrewohnung des Heerespfarrers Anton Broß wohnte. Immer wenn Aktionen etwa gegen Klöster drohten, gab er dem Pfarrer Vorinformationen. Dieser schickte sodann seine Nichte, die ihm den Haushalt führte, zum Hintereingang des Bischöflichen Hauses oder zur Buchhandlung Schöningh (Ecke Domhof/Lortzingstr.) mit einer Nachricht für den Bischof. So gelang es diesem, etwa bei der Beschlagnahmeaktion von St. Angela persönlich zu erscheinen. Nachgewiesen sind auch Vorinformationen aus dem Arbeitsamt über Pläne, welche die Kirche, Orden oder sonstige kirchliche Einrichtungen betrafen.

Klöster wurden also auch im Bistum Osnabrück beschlagnahmt. Berning begegnete dem auf verschiedenen Ebenen. Er wandte sich dagegen beim Reichsinnen- und beim Reichskirchenministerium, forderte eine Begrenzung der Macht der Gestapo, wie es in einem Rechtsstaat üblich ist, und suchte im Einvernehmen mit der Wehrmacht Möglichkeiten, die negativen Folgen für Schwestern und Ordensmänner zu begrenzen. Das örtliche Wehrmachtskommando missbilligte also auch die widerrechtliche Beschlagnahme von Klöstern.

10. Herausforderung von Judendeportation und Judenmord

Viel folgenschwerer als die katholische Kirche traf es die Juden, weil sie nicht nur deportiert, sondern schließlich alle getötet werden sollten. War deren Verfolgung, Deportation und Tötung zunächst noch nicht systematisch organisiert, so änderte sich das gegen Ende des Jahres 1941. Bis dahin hatten die Entscheidungen, so Saul Friedländer in seiner Arbeit über die Vernichtung der Juden, „noch keine abschließende Form erhalten". Es wurden „fortwährend beschränktere Initiativen entwickelt". Planungen gab es auch, die Juden nach einem erfolgreichen Krieg gegen die Sowjetunion in Reservate des sowjetischen Nordens zu schaffen. Mit dem ausbleibenden Erfolg waren diese Vorstellungen allerdings hinfällig und man ging schließlich zur Ermordung über. Diesem Ziel trachtete man zunächst durch die Deportation der Juden aus den ehemaligen Westgebieten Polens in Ghettos des Generalgouvernements näher zu kommen. Derartige Deportationen wurden immer wieder nach militärischen Erfolgen durch örtliche Funktionsträger – SS, Polizei und Teile der Wehrmacht – veranlasst. Schon nach dem Polenfeldzug waren solche Schritte festzustellen, mehr aber noch nach dem Einmarsch in die Sowjetunion am 22. Juni 1941. Massenerschießungen wurden schon Ende Juni durchgeführt. Am 29. Oktober 1941 waren etwa 10000 Bewohner des Ghettos von Kaunas ermordet worden, 13000 ansässige Juden in Minsk umgebracht. Zeitgleich nahmen die Tötungen in anderen von den Deutschen besetzten östlichen Gebieten zu, etwa in Kiew, Riga und in den Städten Ostgaliziens. Der Übergang zur systematischen und totalen Ausrottung der Juden ist in einem Zusammenwirken von Einheiten vor Ort und dem Zentrum in Berlin zu sehen, wie Dieter Pohl in seiner Arbeit über Verfolgung und Massenmord in der NS-Zeit nachweist. Begonnen wurde der Judenmord von vielen Führungskräften, die selbst die Initiative dazu ergriffen, so Pohl. Sie konnten sich sicher sein, dass Hitler dieses Verhalten deckte und sie konnten sich auch auf eine Entscheidung von ihm stützen. Sowohl Euthanasie als auch Judentötung waren nicht das Werk der Zentrale in Berlin allein, sondern diese konnte sich auf viele Helfer im Apparat auf unterschiedlicher Ebene mit eigener verbrecherischer Energie stützen. Hitler soll die Anordnung zum systematischen Judenmord im „September oder Anfang Oktober 1941" gegeben haben. Judenfeindliche Drohungen in nicht gekanntem Ausmaß ließ Hitler von einem Minister am 31. Dezember im Radio verlesen: die Deutschen als das Opfer einer jüdisch-bolschewistischen Verschwörung. Während die Tötung schon in den besetzten Gebieten begonnen hatte, wurden Deportationen von Juden aus dem Reich in diese Gebiete in der ersten Hälfte des Jahres 1941 (z. B. Februar 1941: Wien) noch vereinzelt vorgenommen, ab Mitte des Jahres 1941 aber zahlreicher und systematischer. Hitler hatte auch dies angeordnet. Die Deportationsentscheidung war eine Folge seines Tötungsbefehls. Die Deportierten kamen zunächst in Ghettos und wurden schließlich den Vernichtungslagern zugeführt.

Auf diese Entwicklung mussten die Bischöfe reagieren, zumal unter den verfolgten Juden auch viele katholische Nichtarier waren. Allerdings hatten sie aufgrund der zeitlichen Entwicklung im Oktober 1941 noch keine Kenntnis über das genaue Ausmaß der Judenverfolgung. Erst im Februar 1942 erfuhr Berning Genaueres von Frau Margarete Sommer, die im Bistum Berlin für die Betreuung der Juden zuständig war. Die grundsätzlichen Entwicklungen waren den Bischöfen aber nicht verborgen geblieben. Menschenrechtsverletzungen an Juden waren daher gegen Ende des Jahres 1941 Gegenstand der Diskussionen im Episkopat. Auch jetzt spielte das westdeutsche Bischofskonveniat wieder eine hervorgehobene Rolle, in dessen Mittelpunkt Bischof Berning als kommissarischer Vorsitzender nach dem Tode Kardinal Schultes von Köln stand. Ende Oktober 1941 kam es auf Bitten von Bischof Theophil Wurm aus Württemberg, Bischof in der Bekennenden Kirche, zu einem Gespräch mit den Bischöfen Berning und Preysing sowie Wienken in Berlin. Es ging um die Deportation der Juden und um die Übergriffe auf die Kirche. Wurm schlug vor, die Deportation in der Reichskanzlei anzusprechen und eine Denkschrift über die Übergriffe auf die Kirchen zu erstellen und an die Reichsregierung zu senden. Von einem Gespräch mit Hitler riet Berning ab, da er es aufgrund seiner Erfahrungen für erfolglos hielt. Die Frage der Denkschrift wurde weiter verfolgt und auf die Tagung des westdeutschen Bischofskonveniats am 24./25. November 1941 in Paderborn verwiesen. Bei der Zusammenkunft entschieden sich

Abb. 19: Konrad Graf von Preysing, Bischof von Berlin 1935–1950

die Bischöfe für eine Denkschrift, die bei Nichtbeachtung durch die Regierung der Öffentlichkeit bekannt gemacht werden sollte. Preysing, der auch auf der Konferenz zugegen war, erhielt den Auftrag, eine solche Schrift zu entwerfen. Sie hatte zwei Stoßrichtungen: die Übergriffe auf die Kirchen und die Menschenrechtsverletzungen anzuprangern. Ausdrücklich wurden darin die „Blutsfremden" und die „Angehörigen der Feindvölker" als Opfer dieser Übergriffe benannt. Die Denkschrift benötigte die Zustimmung Bertrams. Der Konferenzvorsitzende akzeptierte die Passagen über die Angriffe auf die Kirche, strich aber alle Teile, die sich mit den Menschenrechtsverletzungen befassten. Auch die Benennung der Opfergruppen fiel seinem Rotstift zum Opfer. Angesichts der politischen Entwicklungen waren damit wesentliche und entscheidende Teile der Intention der Initiatoren – auch Bernings – entfallen. In der ganzen Phase arbeitete Berning intensiv mit Preysing und Galen zusammen.

Wienken gab die so veränderte, entschärfte Fassung der Denkschrift nach Rücksprache mit Wurm dann am 17. Dezember 1941 in der Reichskanzlei ab. Damit war das bischöfliche Handeln aber noch nicht beendet.

Nachdem nun Opfergruppen und Menschenrechtsforderungen aus der Denkschrift entfernt waren, bestand die Gefahr, dass sie zahnlos war und einfach in den Akten der Reichskanzlei verschwand. Berning wandte sich daher in der Silvesterpredigt 1941 an die Öffentlichkeit. Zwar erwähnte er die Juden nicht direkt, dennoch beließ er die Passagen über die Menschenrechtsverletzungen. Die Predigt hatte in Osnabrück eine ungeheure Wirkung. Wie ein Lauffeuer verbreitete sie sich bis weit in evangelische Kreise hinein. Berning blieb seiner Strategie aus dem Jahre 1933 treu, als er am 29. September von sich und seinen Priestern Starkmut forderte, um Leiden für seine Überzeugung zu ertragen. Ein Beispiel für diesen Starkmut lieferte seine Silvesterpredigt 1941. Der Bischof sagte: „Je größer unsere Freude über die Siege unserer Soldaten über den Bolschewismus in diesem Jahr ist, umso mehr betrübt es uns, dass in unserm Vaterland jetzt in diesem Jahre der Kampf gegen Christentum und Kirche weiterging. Immer mehr wird das Christentum aus der Öffentlichkeit verdrängt, immer mehr der Religionsunterricht aus den Schulen beseitigt, wie man auch die Kreuze vielfach daraus entfernt hat. Die Geschichtsbücher der Höheren Schulen sind voll von Angriffen auf Christentum und Kirche. Exerzitien und Einkehrtage, die nur der religiösen Vertiefung dienen, verboten. Eine Anzahl von Klöstern, auch in unserer Diözese, aufgehoben und das Eigentum beschlagnahmt, angeblich weil die Ordensleute staatsfeindlich seien. Den Beweis dafür erbringt man nicht. Oder ist das schon staatsfeindlich, dass sie Seelsorge ausüben und die Jugend in christlichem und vaterländischem Geiste erziehen? (Absatz) Selbst Kirchen sind beschlagnahmt und ihrer Bestimmung entzogen. Die von Gott gegebenen Persönlichkeitsrechte der Menschen werden vielfach missachtet. Es wird deutschen Volksgenossen das Recht auf Freiheit, auf Leben, auf die Unverletzlichkeit des Körpers, auf Eigentum entzogen, ohne dass ihnen eine strafwürdige Tat in prozessualen Gerichtsverfahren nachgewiesen wird.“ Sodann zitierte er aus dem Denkschriftenentwurf: „So wenig nach dem vorigen Weltkrieg eine Völkerordnung Bestand haben konnte, die die Nationen Europas in Sieger und Besiegte, in Bedrücker und Bedrückte, in Besitzer und Besitzlose aufspalten wollte, so wenig kann eine Volksgemeinschaft begründet werden durch eine Scheidung der Volksgenossen in Freie und Geknechtete, in Mächtige und Wehrlose.“ Er fuhr fort: „Denn wenn das Christentum in Deutschland ausgerottet würde, dann wäre es für den Untergang reif. Aber das Christentum ist nicht tot und wird auch nicht untergehen. Man kann wohl die Menschen bedrücken und einkerkern und erschlagen, aber nicht das Christentum.“ Erneut setzte er an: „Wer ist wie Gott? So rufen auch wir in die Welt hinein, in der die Autorität, die Herrscherrechte des ewigen Gottes geleugnet und missachtet werden, wo Menschen sich selbst zum Herrgott machen oder für das Volk Macht und Rechte Gottes beanspruchen. Gott allein ist der Herr, der Allerhöchste.“ Von den Gläubigen forderte er Mut: „So muss die Treue zu Gott und zum Glauben auch bereit sein, Anfechtung und Verfolgung auf sich zu nehmen. Es gibt eine Krankheit, für die auch Männer und gerade Männer empfänglich zu sein scheinen. Die Leute, die davon angesteckt sind, bekommen zittrige Knie, wenn sie nach ihrem Glauben gefragt werden und akute Stummheit, wenn sie ihren Glauben beschimpft hören. Diese Krankheit heißt Menschenfurcht. Sie drehen ihre Fahne nach dem Wind, sie richten ihre Haltung nach der Meinung der jeweiligen Machthaber.“

Das westdeutsche Bischofskonveniat tagte am 23./24. Februar 1942 in Kevelaer erneut. Als Ergebnis waren alle Teilnehmer dafür, die Menschenrechtspassage zu belassen und die Opfergruppen zu benennen. Sie sollte am Palmsonntag 1942 von den Bischöfen verlesen werden. Der kommissarische Vorsitzende Berning hatte inzwischen am 5. Februar 1942 Genaueres über die Judentötung von Frau Margarete Sommer, der Leiterin des Bischöflichen Hilfswerks für die Juden, erfahren: „Nicht nur die Juden der großen Kownoer jüdischen Gemeinde sind zu Zehntausenden erschossen worden, sondern auch die aus Deutsch-

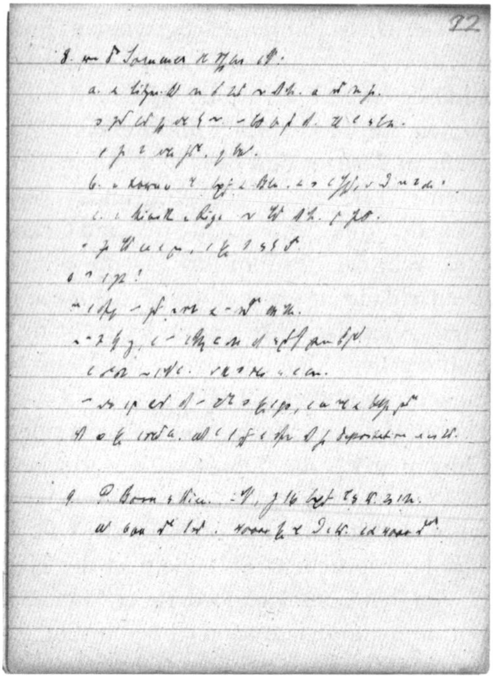

Abb. 20: Tagebuchnotiz Bernings zum Kanzelprotest zugunsten der verfolgten Juden (Gabelsberger Kurzschrift)

land dorthin transportierten. Mit Sicherheit bejahte er (der Informant) die wiederholte Frage, ob bestimmt der aus Berlin nach K(owno) gegangene Transport erschossen worden sei. Er erhielt folgenden Bericht über diese Erschießung von einem Menschen, der sich selbst daran beteiligt hatte und diese Exekution voller Zustimmung schilderte: Die aus D(eutschland) kommenden Juden mussten sich völlig entkleiden (es seien 18 Grad Kälte gewesen), dann in vorher von russischen Kriegsgefangenen ausgehobene ‚Gruben' steigen. Darauf wurden sie mit Maschinengewehren erschossen; Granaten wurden hinterdrein geschleudert. Ohne Kontrolle, ob alle tot waren, ertönte das Kommando, die Gruben zuzuschütten." Weiter heißt es in diesem Bericht: „Eine Auskunft der Gestapo sagt eindeutig, dass

8. Fräulein Dr. Sommer vom Hilfwerk berichtet:
a. Von Litzm[ann]stadt kommen seit Monaten keine Nachrichten. Alle Karten kommen zurück. Es scheint dort großes Elend zu sein. Eine Straßenbahn fährt durch, niemand darf aussteigen. Die Menschen im elenden Zustand, große Sterblichkeit.
b. In Kowno sind Transporte aus B[er]l[i]n. Aber es wird bezweifelt, ob noch einer am Leben ist.
c. In Minsk und Riga keine bestimmten Nachrichten. Viele erschossen. Es besteht wohl der Plan, die Juden ganz auszurotten. Was kann geschehen? Können die Bischöfe eine öffentliche Anklage von den Kanzeln dagegen erheben [?]
An den Hl. Stuhl schreiben, daß eine Besichtigung der Lager durch unparteiische Personen stattfindet, daß Seelsorge eingerichtet wird. Freigabe des Geldes und der Waren.
Eine neue Gefahr droht durch eine Erweiterung des Judengesetzes, daß alle Kinder von jüdischen Vätern auch als Juden behandelt werden. Dadurch wird die Hälfte der Mischlinge auch zur Depportation verurteilt.
9. P[ater] Born aus Wien. Berichtet, schon 16 Transporte sind aus Wien herausgekommen, dabei 600 kathol[ische] Nichtarier . 40.000 Juden sind noch in W[ien], davon 4.000 Katholiken.

Transkription der Tagebuchnotiz Bernings zum Kanzelprotest zugunste der Juden (s. Abb. 20)

diese Evakuierung bis zur Totalevakuierung weitergeführt wird. Neue Transporte für März sind bereits in Vorbereitung. Je mehr über das Schicksal der Abtransportierten durchsickert, umso höher steigt die Verzweiflung derer, die in einen neuen Transport eingegliedert werden sollen. Sinnlose, planlose Flucht und steigende Selbstmordziffern sind das Ergebnis. Auch unter unseren katholischen Nichtariern verzweifelte Selbstmordversuche. Einige sind schon tot.“

Zu diesen Informationen notierte Berning nach dem Gespräch mit Frau Sommer an demselben Tag: „[...] Viele erschossen. Es besteht wohl der Plan, die Juden ganz auszurotten. Was kann geschehen? Können die Bischöfe öffentliche Anklage von den Kanzeln dagegen erheben? An den Hl. Stuhl schreiben, dass eine Besichtigung der Lager durch unparteiische Personen stattfindet, die Seelsorge eingerichtet werde. Freigabe des Geldes und der Waren. – Eine neue Gefahr droht durch eine Erweiterung des Judengesetzes, dass alle Kinder von jüdischen Vätern auch als Juden behandelt werden. Dadurch wird die Hälfte der Mischlinge auch zur Deportation verurteilt.“ Seine Kenntnisse, die er von Frau Sommer erhalten hatte, teilte er den westdeutschen Bischöfen mit. Die Mitglieder der Plenarkonferenz erfuhren die Verbrechen dann über das Kevelaerer Bischofskonveniat bzw. über Preysing, in dessen Amtsbereich Frau Sommer arbeitete. Allerdings musste die Kenntnis zu diesem Zeitpunkt noch bruchstückhaft bleiben, da das Vernichtungsprogramm eben erst angelaufen war. Selbst die grundsätzlich gut informierten Mitarbeiter des „Hilfswerks“ mit seiner Leiterin hatten offensichtlich keine genaue Kenntnis davon. So fehlt beispielsweise jeglicher Hinweis auf die berüchtigte „Wannsee-Konferenz“ vom 20. Januar 1942. Außerdem waren die Nachrichten aus den einzelnen Lagern noch uneinheitlich. Wenngleich Berning also zu diesem Zeitpunkt noch keine sicheren und verwertbaren Hinweise darauf hatte, dass es sich um den Beginn eines in den Folgejahren unternommenen systematischen Tötungsaktion ungeheuren Ausmaßes handelte, so sind die von Frau Sommer mitgeteilten Verbrechen für ihn ausreichend Anlass gewesen, einen öffentlichen Kanzelprotest der Bischöfe zu erwägen.

Auf dem Konveniat am 23./24. Februar 1942 hatten drei Fassungen der Denkschrift vorgelegen. Unter dem Eindruck der Ereignisse entschied man sich für die schärfere Fassung – also mit Nennung der Opfergruppen. Mit diesem Ergebnis begab sich Berning nach Breslau zu Bertram. Nach Rückkehr am 12. März empfahl Berning dann doch, nicht die Denkschrift, sondern nur ein kurzes Hirtenwort zu verlesen. Inzwischen hatten sich dramatische Dinge getan. Nicht nur gab es größere Differenzen innerhalb des Episkopates über eine Verschärfung des Kurses gegenüber dem Staat, sondern nach der Rückkehr von Breslau fand Berning den Brief Görings vor, der ihn am 12. März 1942 erreicht hatte. Dieser Brief war eine unverhohlene Drohung. Die Silvesterpredigt war Göring Anlass, eine deutlich kritischere Haltung Bernings und auch Galens zu verhindern. Der zeitliche Abstand zwischen Abmahnung und Predigt sowie insbesondere auch die Kombination mit der Abmahnung Galens lässt auf eine ernsthafte Warnung an beide Bischöfe schließen, auf dem eingeschrittenen Weg nicht weiterzugehen. Die goebbelsche Tagebuchaufzeichnung vom 21. März 1942, die die Briefe Görings an Galen und Berning zum Gegenstand hat, bestätigt diese Annahme. Göring griff mit seinem Schreiben faktisch in die zentrale Entscheidungsphase des Kevelaerer Bischofskonveniats um einen öffentlichen Kanzelprotest zugunsten der Juden ein. Die Tatsache, dass alle drei Entwürfe für ein Hirtenwort zum 22. März 1942 mit dem Zusatz über die „Blutsfremden" und die „Angehörigen von Feindvölkern" versehen war, zeigt, dass die Bischöfe des westdeutschen Bischofskonveniats im Gegensatz zu den Vorstellungen Bertrams einen öffentlichen Kanzelprotest zugunsten der Juden und aller anderen „Nichtarier" herausgeben wollten und sich damit Bernings Vorhaben in der Formulierung Preysings angeschlossen hatten. Für diese These spricht die folgende Aufzeichnung Faulhabers: „Größere Initiative in Bonn besonders deshalb unter einem dunklen Stern, weil vorher Reichsmarschall nach Münster und Osnabrück geschrieben hatte: Für sie gibt es nur eine Obrigkeit und das ist die staatliche. Scharfe Rüge wegen Predigten. Köln arbeitet um und nahm den kirchenrechtlichen und naturrechtlichen Teil zusammen mit großer Kürzung." Das Ergebnis war eine gekürzte Fassung des Denkschriftenhirtenbriefes, die am Palmsonntag 1942 verlesen werden sollte. Es werden die Opfergruppen nicht mehr genannt. Berning verlas ein eigenes Wort, basierend auf den Verabredungen vom 23./24. Februar. In abgeschwächter Form wiederholte er die schon in der Silvesterpredigt angesprochenen Verletzungen der Menschenrechte.

Am 6. Juli 1942 erörterte Berning im Gespräch mit Preysing und Frau Sommer erneut die Lage der Deportierten und die Betreuung der katholischen jüdischen Kinder. Informationen tauschte man aus über Minsk, Riga und Litzmannstadt. Dabei ging es wieder um die Frage des öffentlichen Protestes zugunsten der Juden. Die Forderungen, die in diesem Bericht von Angehörigen des „Hilfswerkes“, das am besten über die Situation der Juden in den Lagern informiert war, formuliert wurden, nahmen den Gedanken des öffentlichen Protestes auf, distanzierten sich jedoch wieder von ihm, indem sie sagten: „Von vielen Seiten wird ein solches offenes Wort erwartet. Es spricht aber dagegen, dass kein praktischer Erfolg zu erwarten ist und dass durch einen solchen Schritt die noch mögliche Arbeit auch gefährdet werden könnte.“ Diese Äußerungen zeigen, wie schwer man sich auch in diesem Kreise tat, einen öffentlichen Kanzelprotest zugunsten der Juden zu unterstützen. Zudem stand da noch die Frage der zweifelsfreien Bürgschaft für die erhaltenen Informationen im Raum. Gegenüber der Reichsregierung mussten sie unzweifelhaft belegt werden. Handelte es sich doch um den ungeheuren Vorwurf, der Staat dulde bzw. fördere systematisch die Ermordung von Menschen. Für den Zeugen bedeutete das den sicheren Tod. Dazu fand sich niemand bereit. Mehrmals unterrichtete Frau Sommer Kardinal Bertram. Auf all diese Vorstellungen hielt Bertram schließlich in einem Brief vom 17. April 1944 an Preysing fest: „Wiederholt erscheint bei mir in Sachen Nichtarier Frau Sommer als Angestellte Ihres Ordinariates mit Darbietung detaillierter Berichte über das den Mischlingen und Nicht-Arier-Familien geschehene Unrecht mit Behauptung, sie komme im Einvernehmen Ihres hochwürdigsten Bischofs. Ich soll dann alles, was sie bringt, als vollgültige Unterlage für Eingaben an höchste Behörden betrachten. […] Soll ich alle Kohlen aus dem Feuer holen, dann darf ich bitten, die Beteiligten wollen mit voller Unterschrift den Bericht als geprüft und richtig bezeichnen, so dass ich mich nötigenfalls auf den berichtenden Oberhirten amtlich berufen kann.“

Festzuhalten ist: Die Bischöfe schlossen nicht einfach einen öffentlichen Kanzelprotest aus politischen oder sonstigen Gründen zugunsten der Juden aus. Sie diskutierten diese Frage und entschieden sich dann für den pragmatischen Weg der Hilfe, soweit möglich. Dabei mag das Votum des „Hilfswerks“ unter der Leitung von Frau Sommer besondere Bedeutung gehabt haben. Es ist dieselbe Frage; wie sie auch im Zusammenhang mit dem Verhalten Pius XII. gegenüber den Juden diskutiert

Abb. 21: Silbernes Bischofsjubiläum Bernings 1939 mit Bischof Galen (ganz links) und Bischof Machens (ganz rechts)

wird. Ist das öffentliche Wort in der Situation von vornherein der ethisch gebotene Weg oder ist es die Hilfe für die Bedrängten? Sicher ist, mit einem öffentlichen Kanzelprotest zugunsten der Juden, wie Berning ihn erwog, wäre die Kirche weiter in den Kern der nationalsozialistischen Ideologie vorgedrungen und hätte das Regime mit unabsehbaren Folgen herausgefordert – möglicherweise ohne danach noch helfen zu können.

Die vorliegende Untersuchung legt nahe, dass es 1941/42 nicht opportunistische Gründe waren, die den Bischöfen angesichts des Judenmordes Zurückhaltung auferlegten. Verschiedene Gründe sind zu benennen, Gründe, die dem Fürsorgeprinzip für die Geistlichen entsprangen und die von der Sorge bestimmt waren, eine Verschärfung der Judenverfolgung zu provozieren, ohne weiterhin noch helfen zu können. Die Bischöfe befanden sich in einer besonderen Schwierigkeit. Für das, was sie öffentlich sagten und taten, wurden andere – Untergebene, die nicht den vorläufigen öffentlichen Schutz wie sie genossen – belangt. Zahlreiche Beispiele aus dem Bistum

Abb. 22: Gruppenaufnahme mit deutschen Bischöfen, Kardinal Faulhaber (6. v. li.), Kardinal Bertram (3. v. re.) in der Bischofsreihe, Bischof Berning (ganz li.), undatiert

Münster sind bekannt. In diesem Zusammenhang kann auch die Welle der Judenverhaftungen in Holland als Reaktion auf den öffentlichen Protest des Erzbischofs von Utrecht am 26. Juli 1942 als Beleg gelten. Ebenso stand es schlecht um unbezweifelbare Beweise und Zeugen, die in der Öffentlichkeit in dieser für das Regime entscheidenden Frage standhalten konnten. Eine schwere Gewissensentscheidung lastete daher auf ihnen. Selbst ihr Einsatz für die Menschenrechte brachte sie schon in einen derartigen Gegensatz zum Regime, dass Hitler einen Schauprozess gegen sie für die Zeit nach dem Kriege vorbereiten ließ. Eine endgültige Beseitigung der Kirche noch während des Krieges lehnte er aber aus Gründen der Kampfmoral ab. In dieser Frage war er sich mit Göring und Goebbels einig. Auch die Tagebuchaufzeichnungen des Propagandaministers bestätigen den Plan eines derartigen Prozesses. Ob Bernings Reaktion auf die Judentötung nur Schweigen war, möge der Leser selbst entscheiden.

11. Bernings Stellung im deutschen Episkopat der NS-Zeit – ein Überblick

Das Bischofskollegium war kein monolithischer Block. Unterschiedliche Strömungen wie sie auch heute bei größeren Gremien festzustellen sind, bestimmten den Episkopat. Diese bezogen sich ausdrücklich nicht auf die grundsätzliche Haltung zu den Nationalsozialisten. Über die gesamte NS-Zeit hinweg gab es eine übereinstimmend ablehnende Einschätzung der Nationalsozialisten. Nach ihrer Beurteilung waren sie christentumsfeindlich sowohl hinsichtlich ihres überzogenen Nationalismus wie auch ihres Rassismus. Beides hatte die Kirche vor 1933 abgelehnt und auch nach 1933. Nie hatten sie ihre sog. kulturpolitischen Vorbehalte zurückgenommen. Als Folge der staatsrechtlichen Auffassungen der kirchlichen Tradition wandten sie sich allerdings nicht gegen eine autoritäre Herrschaft der Nationalsozialisten, sofern diese die „cura religionis" des Staates beachte. Deshalb auch stand für sie nicht der Erhalt der demokratischen Ordnung als solcher im Vordergrund, obwohl sie sich im Kampf gegen die Nationalsozialisten vor 1933 faktisch für den Erhalt der Demokratie eingesetzt hatten. Die grundsätzlichen Vorbehalte gegenüber dem Nationalsozialismus waren also gemeinsame Überzeugung.

Anders stand es um die Strategie. Welchen Weg, welche Mittel sollte man wählen. Da gab es zwei Exponenten: auf der einen Seite den Eingabekurs Kardinal Bertrams, auf der anderen Seite den Mobilisierungskurs Galens. Beide stellten die äußersten Pole dieser Diskussion dar. Dazwischen bewegten sich mit mehr oder weniger starker Anlehnung an die jeweiligen Exponenten die übrigen Bischöfe. Beide standen auch nicht immer als Einzelpersonen dar, sondern gruppierten um sich im Laufe der Jahre auch Teilkonferenzen, die, wenn sie den Kurs ihrer Exponenten nicht 1:1 übernahmen, so doch einen abschwächenden oder verstärkenden Einfluss hatten wie etwa die westdeutsche Bischofskonveniat unter dem Einfluss von Galens. Sie erwies sich als eine der offensivsten Teilkonferenzen. Man darf die Konstellationen im Episkopat daher nicht statisch sehen. Im

Zuge der politischen Herausforderungen konnten sich Bischofspersönlichkeiten auch immer wieder in ihrer taktischen oder strategischen Zielsetzung ändern und ihre Predigttätigkeit neu akzentuieren. Dafür ist Berning ein Beispiel. Insgesamt aber ist im Laufe der Jahre eine Tendenz zur Verschärfung des Kurses gegen die Nationalsozialisten festzustellen.

Berning gehörte vor 1933 zu denjenigen Bischöfen, die keine Kompromisse mit den Nationalsozialisten eingehen wollten. Klar und früh stellte er sich auf die Seite Bertrams, der mit seiner „Kundgebung“ vom 31. Dezember 1930 und seinen „Winken“ vom 14. Februar 1931 eine Breitenwirkung bei der Bekämpfung der Nationalsozialisten im Bischofskollegium erzielte. Kompromisslos bekämpfte er daher die politische Rechte. Dazu gehörte auch der Stahlhelm. Er wies seine Geistlichen entsprechend an. Bernings Position in taktisch-strategischen Fragen änderte sich dann im Laufe des Jahres 1933 nach dem Konkordatsabschluss und der Ratifikation vom 20. Juli 1933 bzw. 10. September 1933 als Folge der Zusage Hitlers, den Staat auf eine christliche Grundlage zu stellen. Er setzte auf das Recht. Ihm war das Konkordat Anlass anzunehmen, die Nationalsozialisten würden sich am Recht orientieren. Vielleicht war es auch nicht mehr als eine Hoffnung, denn am 29. September 1933 äußerte er vor den Geistlichen deutliche Skepsis. Sie beflügelte aber nicht seine öffentlichen Äußerungen. Diese waren eher von einem Brückenschlag geprägt. Das gilt auch für seine Silvesterpredigt 1933, in der er verschiedene Gemeinsamkeiten mit der nationalsozialistischen Politik hervorhob. Eine solche Zustimmung zur bestehenden neuen Ordnung konnte Bertram nicht teilen. Dieser war deutlich skeptischer. Er traute den Nationalsozialisten nicht. Offensichtlich vermutete er bei ihrer Herrschaft in der Zukunft weniger die Bindung an das Recht, als vielmehr die Machtausübung im Interesse der Durchsetzung der eigenen Ideologie. Während Bertram mit dieser Einschätzung die Zukunft zutreffend sah, wollte Berning die Kirche nicht sogleich und von Anfang an zum „Amboss“ machen, wie er sagte. Gewissermaßen wollte er den Nationalsozialisten eine Chance geben, Hitlers Zusage einer Begründung des Staates auf christlicher Grundlage wahrzumachen. Immerhin war das Konkordat in seinen Augen ein vielversprechender Anfang. Im Jahre 1933 nahm Berning also im Unterschied zu Bertram eine die Nationalsozialisten strategisch begünstigende Position ein, ohne ein mögliches Scheitern zu verdrängen. Er war nicht naiv. Zugleich unterstützte er den Eingabekurs Bertrams. Dieser beauftragte ihn mit Verhandlungen des Episkopates mit der Reichsregierung. Als solcher traf der Osnabrücker Bischof den Reichskanzler gleich zu Beginn der NS-Herrschaft, um ihm die Beschwerden der Bischöfe nahezubringen und um Besserung zu bitten.

Schneller als er es selbst wohl erwartet hatte, zwangen ihn die Ereignisse zu einer veränderten Position. Zwar unterstützte er weiterhin Bertrams Eingabekurs und führte damit im Auftrag des Vorsitzenden und der Bischofskonferenz auch alle Verhandlungen um Art. 31 RK wegen der Existenz der katholischen Jugendverbände. Er ergänzte seinen Kurs aber durch einen sog. Abwehrkurs, durch den er die Angriffe des Staates auf die Kirche öffentlich zurückwies. Nach seiner Ansicht hielt das gläubige Volk ein Schweigen der Bischöfe auf Dauer nicht aus. Die Gläubigen müssten an den Bischöfen und schließlich der Kirche verzweifeln. Es war die Bestallung Rosenbergs zum Schulungsleiter der Partei Ende Januar 1934, die bei Berning diese Veränderung bewirkte. Sie wurde im westdeutschen Bischofskonveniat vom 23./24. Februar 1934 hervorgerufen. Als Folge zeichnete sich ab Beginn des Jahres 1934 bei dem Osnabrücker Bischof eine Strategie ab, die einerseits den Eingabekurs und andererseits den Abwehrkurs beinhaltete. Er stand damit zwischen den Polen Bertram und Galen, zwischen einem Eingabekurs und einem Mobilisierungskurs. Damit repräsentierte er die Mehrheit der Bischöfe in der Bischofskonferenz. Nach dem Scheitern der Verhandlungen um Art. 31 RK fügte er seinem Kurs ein weiteres Element hinzu: eine Intensivierung des religiösen Lebens durch die actio catholica und Einführung des Ewigen Gebetes in seinem Bistums. Dabei schloss er Verhandlungen nicht aus, sah aber zunehmend weniger Chancen, wie es sich bei den Verhandlungen über Art. 31 RK schon gezeigt hatte. Sein anfängliches Vertrauen in die Zusagen Hitlers, das

Abb. 23: Wallfahrt Clemenswerth mit Bischof Berning am 15.8.1937

enttäuscht worden war, führte so Mitte der 30iger Jahre zu einer Schwerpunktbildung von Abwehrkurs und Immunisierungsstrategie in seiner seelsorglichen Tätigkeit. Auf der Plenarkonferenz der Bischöfe im Januar 1936 stellte er diese Konzeption den Bischöfen vor.

Sie unterschied sich von der des Vorsitzenden Bertram dadurch, dass er den Eingabekurs zwar noch unterstützte, ihn aber als ausschließliches Mittel im Verhältnis von Staat und Kirche zunehmend für unwirksam hielt. Er unterschied sich aber auch von dem Mobilisierungskurs Galens, den er für zu gefährlich hielt. Er empfand die Kirche gegenüber den Angriffen des Staates als zu schwach und machtlos. Die Öffentlichkeit gegen den Staat in Anspruch zu nehmen, hielt er für halsbrecherisch. Diese Ansicht teilte er mit Kardinal Bertram. Im Gegensatz zu Berning hatte Bertram den Kulturkampf erlebt, weshalb er sich zurückhaltend gegenüber den Angriffen des Staates gab. Ein solches Desaster wollte er nicht noch einmal erleben. Von der abwartenden Haltung Bertrams aus dem Jahre 1933 war nunmehr ein Kurs des Kardinals erwachsen, der den Staat nicht herausfordern wollte, sondern durch Eingaben auf die Einsichtsfähigkeit der staatlichen Instanzen hoffte. Dass die

Nationalsozialisten die staatlichen Einrichtungen ausschließlich eigenen Interessen unterwarfen, konnte und wollte er nicht annehmen. Der Staat war doch dem Allgemeinwohl verpflichtet! Möglicherweise sah Bertram sich auch durch einen schärferen Kirchenkampf überfordert, den er schon aus Altersgründen nicht mehr glaubte kontrollieren zu können. Daher war ihm der Eingabekurs das geeignete Mittel, um die Rechte der Kirche zu wahren. Eine wesentliche Stütze dabei war ihm Berning. Dieser Bischof schien ihm von seiner Weltläufigkeit und Intelligenz her am ehesten geeignet, diesen Kurs praktisch durchzuführen. Dabei übersah er, dass Berning keine Strategie verfolgte, die sich unabhängig von konkreten Ereignissen darbot. Sein Abwehr- und Immunisierungskurs war eine direkte Reaktion auf das aggressive Verhalten des nationalsozialistischen Staates und Hitlers. Er korrespondierte gleichsam mit ihnen. Daher war der berningsche Ansatz geeignet, Veränderungen aufzunehmen und den Kurs zu verschärfen, wenn es nötig wurde. Indem Berning die Akzente so setzte, wie er es 1936 in der Plenarversammlung der Bischofskonferenz tat, bekundete er indirekt, dass er nicht mehr an die Zusagen Hitlers glaubte und sein Konzept von 1933 gescheitert war. Zu dieser Gewissheit war er seit Anfang 1934 immer stärker gekommen. Jetzt aber bezeugte er es gewissermaßen vor seinen Mitbrüdern im Amt.

Dem Betrachter nötigt der Kurs Galens ein höheres Maß an Respekt ab als der Bernings. Den heutigen Zeitgenossen ist bekannt, was aus diesem Regime geworden ist, wie es die Menschenrechte mit Füßen trat. Unter schwierigsten und gefährlichsten Bedingungen verstand Galen es, die Gläubigen von seinem Kurs zu begeistern. Man fühlte sich nicht allein in der Auseinandersetzung. Galen artikulierte das, was die Gemeindemitglieder empfanden: dem Regime Grenzen zeigen. Wurde man doch bei Bedarf herumgeschubst, verhaftet und willkürlich mit Strafen belegt. Dieses Schwächegefühl lähmte Priester und Laien. Die Ohnmacht des einzelnen fand in Galen eine Kristallisationsfigur, an der man sich aufrichten konnte. In diesem Sinne war sein Modell politisch-moralische Praxis aus dem Glauben heraus und somit in höchstem Maße Seelsorge und Politik zugleich. Aber hatte nicht dieses Modell auch seine Schwächen? War es möglich, den Einsatz des Volkes so zu lenken, dass es zu keinen unliebsamen Eskalationen kam, die man nicht mehr zu beherrschen vermochte? Galen hatte wie alle Bischöfe seinen Geistlichen verboten, sich auf der Kanzel zur Politik zu äußern. War die Auseinandersetzung wirklich nur auf seine Person zu begrenzen? Waren es nicht unter Umständen die Geistlichen, die unter einem derartigen Kurs zu leiden hatten? Am Fall Berning ist nachweisbar, dass Äußerungen des Bischofs nicht verfolgt wurden. Dieselben Darlegungen führten aber zu einer Anzeige, wenn sie ein Geistlicher von der Kanzel herab sprach. Wie stand es erst mit den Laien, wenn sie systematisch in den Kampf einbezogen wurden? Man kann nicht sicher sein, was selbst aus einem gezielt geführten Kampf wird. Führt er nicht möglicherweise zu einer Vernichtung der Kirche mit vielen menschlichen Tragödien? Galen selbst war verzweifelt über die Frage, wohin die Lage treiben werde. Deshalb berief er beispielsweise Kaplan Pohlschneider zum Bischöflichen Offizial in Vechta, von dem er wusste, dass er ein Mann des Ausgleichs war. Galen selbst hat nach dem Kreuzkampf den Weg beschreiten müssen, die Gläubigen im Oldenburger Münsterland zu befrieden, weil die Folgen des Kampfes nicht mehr absehbar waren. Andererseits: Galen konnte durch seine Aktivitäten Freiräume schaffen und dem Regime Schwierigkeiten bereiten, wie aus Berichten des SD bekannt geworden ist. Waren die Freiräume nicht doch größer, als die Kritiker Galens im Bischofskollegium meinten? Warum hat denn der Staat immer wieder bei Verhandlungen den Eindruck erweckt, er wolle mit der Kirche zu einem guten Einvernehmen kommen? War das Bischofskollegium nicht doch zu ängstlich, zu zaghaft?

Das Vorgehen Bernings resultierte am Ende des Jahres 1935 stärker aus dem Gedanken, die Kirche sei gegenüber dem staatlichen Anspruch machtlos. Ist es daher nicht ein Gebot politischer Klugheit, die eigenen Möglichkeiten richtig einzuschätzen und darauf eine entsprechende Strategie aufzubauen, die der Kirche und den Menschen im Rahmen des Möglichen Freiräume schuf und ihnen half? Gab es da nicht auch eine moralische Verpflichtung, die Menschen nicht in unbedachte Aktionen zu verwickeln, deren Folgen nicht absehbar waren? Allerdings: Bringt dieser Kurs wegen seines Strebens nach Sicherheit nicht möglicherweise ein unnötig hohes Maß an Kompromissbereitschaft, die in der Wahrung einer unzulässigen Grenzüberschreitung nicht immer ausreichend klar ist? Kann es in einem totalitären System wie dem Nationalsozialismus überhaupt Sicherheit geben, so dass ein entsprechendes Agieren auf Seiten der Kirche als Taktiererei erscheint? Es liegt auf der Hand, dass ein spektakulärer Kurs derartige Zweifel nicht aufkommen lässt. Besteht daher nicht die Gefahr einer Glaubwürdigkeitslücke, wie sie nach dem Kriege im Fall Berning viele lange Jahre bestanden hatte? Hätte das Mit-Leiden mit den Verfolgten nicht einen anderen Kurs als den Bernings notwendig gemacht? Dagegen: ein Martyrium kann man nicht verordnen. Hat das nicht auf Seiten der Führung möglicherweise auch Zurückhaltung zur Folge? Bestätigt demgegenüber nicht Galen selbst indirekt den Kurs Bernings, wenn Preysings Sekretär Walter Adolph als Ergebnis eines Gespräches mit Preysing über den Bischof von Münster in seinen Aufzeichnungen vom 4. Februar 1938 schreibt: „Clemens ist von der Lage tief bedrückt. Er fürchtet sich vor dem Einsatz des letzten. ‚Was tun wir, wenn sie uns alles zerschlagen?' lautet seine Frage. Wir müssten auch für den Fall eines verschärften kirchenpolitischen Kampfes an das Wohl des Gesamtvolkes denken." Selbst der Papst äußerte sich Berning gegenüber am 28. April 1938 sehr zurückhaltend hinsichtlich eines offensiven Vorgehens. Nach den Aufzeichnungen Bernings sagte er: „Der Papst beklagte, was können wir noch tun, was nicht schadet und doch notwendig ist. Man habe ihm gesagt, er solle wieder ein scharfes Wort sprechen; aber man müsse doch die Folgen bedenken. Es mache ihm oft große Sorgen, ob alles recht geschehe." Es ist der alte Streit um die Verantwortungs- und Gesinnungsethik. Das Dilemma verschärft sich vor allem dadurch, dass unter den Bedingungen eines totalitären Regimes wegen der nicht eindeutig abzuschätzenden Folgen keine vorrangige Handlungsempfehlung ausgesprochen werden kann.

Ersichtlich ist, dass alle drei Kurse – Bertram, Berning und Galen – ihre eigene Problematik besitzen. Aus heutiger Sicht ein eindeutiges Urteil fällen zu wollen, wäre vermessen. Man selbst war nicht in der Situation der damaligen Menschen, hat nicht deren Geschichte erlebt und hat eine andere Erziehung genossen. Insbesondere macht dies ein Vergleich des Kurses Galens einerseits und Bernings andererseits deutlich. Der Grund für die unterschiedliche Sichtweise ist – was Berning angeht – nicht in dessen Stellung als Staatsrat zu sehen, da der Osnabrücker Oberhirte die mit diesem Amte verbundenen Vorstellungen eines Staates auf christlicher Grundlage ohnehin nicht durchsetzen konnte und er Staatsrat im nationalsozialistischen Sinne nicht sein wollte und konnte. Seine zunehmend ablehnende Haltung wurde deshalb seit 1934 immer offenkundiger. Zudem hatte er sowohl dem Papst als auch der Bischofskonferenz angeboten, das Amt zur Verfügung zu stellen. Die Gründe scheinen eher in der Unterschiedlichkeit der Personen und in deren Funktionen als Bischöfe zweier unterschiedlicher Bistümer begründet zu sein. Was die Personen angeht, so unterschieden sich Galen und Berning erheblich. Galen stammte aus einem alten westfälischen Adelsgeschlecht und hatte aufgrund der Traditionen eines derartigen Hauses ohnehin gegenüber Politikern und Regierungsmitgliedern und deren Anordnungen kaum Respekt. Aus dieser Sicht vermochte er wesentlich klarer und pointierter Stellung zu nehmen und die Öffentlichkeit für seine Ziele zu nutzen. Demgegenüber kam Berning aus vergleichsweise kleinen Verhältnissen. Seine Bestallung zum Bischof von Osnabrück – 37jährig – war für den Mann aus einfachem Hause zu damaligen Zeiten ohnehin schon ein glänzender Werdegang, der nicht zuletzt in seinen intellektuellen Fähigkeiten begründet lag. Sein Selbstbewusstsein zog er vor allem aus diesen Qualitäten, nicht aus seiner Herkunft. Sein Amt als Bischof während der Zeit der Weimarer Republik trug zu einer entsprechenden Zurückhaltung gegenüber tagespolitischen Entwicklungen bei. Immerhin war er bei der Ernennung Galens schon knapp 20 Jahre Bischof gewesen. Als Oberhirte konnte er nicht so unmittelbar in den Meinungsstreit eingreifen, wie das etwa Galen als einfacher Pfarrer vermochte. Galen hatte darüber hinaus in der Öffentlichkeitsarbeit auch insofern Übung, als er im Aufsichtsrat der Berliner Zentrumszeitung Germania gesessen hatte. Seine Vorfahren hatten immer wieder Politiker gestellt und in hohen Ämtern von Kirche und Staat Dienst getan.

Die Unterschiede in der Wahl des Kurses haben aber insbesondere auch Ursachen in der jeweiligen Struktur der Bistümer Münster und Osnabrück. Das Bistum Münster umfasste ein einheitlich katholisches Gebiet. Dies galt insbesondere für das Oldenburger Münsterland. In ihm fanden sich kaum evangelische Christen, so dass durch das Milieu ein Konformitätsdruck erzeugt wurde, der in öffentlichen Auseinandersetzungen zur eigenen Sicherheit unerlässlich ist. Die Bedeutung des Milieus für das Handeln des einzelnen ist bekannt aus dem Kreuzkampf im Oldenburger Münsterland. Davon unterschied sich das Bistum Osnabrück mit seinen hohen Diasporaanteilen erheblich. Große Städte wie Hamburg und Bremen hatten teil an einem Säkularisierungsprozess, der im Zuge der Industrialisierung eingesetzt hatte. Außerdem war die Diözese Osnabrück das größte Flächenbistum in Deutschland. In weiten Teilen wurde der einzelne eben nicht durch ein geschlossenes Milieu getragen. Berning wusste aus der Kenntnis seiner Diözese und des NS-Staates, wie sehr der einzelne bei einer offen kämpferischen Auseinandersetzung zwischen Staat und Kirche in der NS-Zeit den Schlägen dieses Staates ausgesetzt gewesen wäre. Selbst in rein katholischen Gebieten waren die Gefahren für den einzelnen groß. Der Kurs des Osnabrücker Bischofs trug dieser Situation seines Bistums insofern Rechnung, als dieser einerseits die Auseinandersetzung eher auf die Person des Bischofs zu konzentrieren vermochte und andererseits durch eine Intensivierung des religiösen Lebens die Gläubigen im christlichen Glauben kräftigen und gegenüber der NS-Ideologie immunisieren konnte. Die Stärkung des religiösen Lebens hatte zugleich eine Intensivierung des Gemeindelebens etwa in den Diasporagebieten des Bistums zur Folge, so dass die zunehmende Vereinzelung dadurch begrenzt werden konnte. In diesem Zusammenhang ist auch Bernings Bemühen bedeutsam, die Freilassung Verhafteter und Gefangener zu erwirken. Der

Bischof hatte in dieser Funktion unmittelbaren Einblick in die Willkür des Regimes. Er musste dabei im Laufe der Zeit erkennen, dass es in zunehmendem Maße schwieriger wurde, den Inhaftierten zu helfen. Darin mag auch das Gefühl der Ohnmacht begründet gewesen sein. Berning war auf einen eher diplomatischen Weg gewiesen, dessen Grenzen ihm durchaus bewusst waren. In der Silvesterpredigt 1935 betonte er im Anschluss an Paulus: „Aber wenn dessen Werk es ist, ‚allen alles zu werden', der es verstand, sich den äußeren Verhältnissen anzupassen, er macht hier keine Konzession, er bleibt bei seinem Grundsatz: ‚Wir predigen Christus, und zwar den Gekreuzigten'." In diesem Sinne hatte er sich schon 1933 vor seinen Priestern geäußert.

Die Probe aufs Exempel kam für Berning früher als gedacht. Im Zuge der Judenverfolgung und des verschärften Kirchenkampfes forcierte der Bischof seinen Kurs in einer Weise, dass es für ihn selbst gefährlich wurde. Im Zuge dieser Entwicklungen stellte er sich auf die Seite Galens und Preysings gegen Bertram. Bertrams Kurs hatte sich selbst als Folge der zahlreichen Menschenrechtsverletzungen zu Beginn der vierziger Jahre erledigt. Bertram nahm nach 1940 nicht mehr an den Plenarkonferenzen teil, behinderte aber dennoch alle Versuche des Episkopates, sich schärfer gegen den Staat zugunsten der Verfolgten zu äußern. Demgegenüber hatte Berning im Verein mit Galen inzwischen zur Kenntnis genommen, dass die Bischöfe nicht weiter schweigen konnten. Daher organisierte er als kommissarischer Vorsitzender des westdeutschen Bischofskonveniats im Zusammenschluss mit der württembergischen bekennenden Kirche in der Person von Landesbischof Theophil Wurm eine gesamtkirchliche Reaktion auf die Judenverfolgung des Jahres 1941 und hielt, soweit bislang bekannt, als einziger Bischof eine Menschenrechtspredigt, wenn man von den bischöflichen Erklärungen einmal absieht, die am Palmsonntag, dem 22. März, in Kathedralkirchen in sehr gekürzter Fassung vorgetragen wurden. Offen bleibt, ob ein Vorgehen im Sinne Galens die Nationalsozialisten daran gehindert hätten, ihre Obsession gegen die Juden aufzugeben. Im Zusammenhang des Attentats auf Hitler am 20. Juli 1944 ist ein Dokument überliefert, aus dem hervorgeht, dass Berning Hitler für einen „Verbrecher“ hielt. Das war zu einem Zeitpunkt, als manche Eliten und auch große Teile des Volkes noch immer auf der Seite Hitlers als des Retters im Krieg standen.

Bernings Haltung zum NS-Staat war durch das Verhalten Hitlers bestimmt. Als dieser seine Zusage, den Staat auf eine christliche Grundlage zu stellen, durch die Ernennung Rosenbergs zum Schulungsleiter der Partei, brach, reagierte Berning fortan in seinen öffentlichen Predigten und auch in der Bischofskonferenz immer anklagender. Die Silvesterpredigt von 1941 stellt aus heutiger Sicht einen Leuchtturm dieser Anklage dar. Tatsächlich wurde allen Bischöfen 1936 offenkundig, dass Bernings Strategiekonzept von 1933 gescheitert war.

12. Einsatz für verfolgte Menschen

Bei dem weit überwiegenden Teil aller an Berning gerichteten Hilfsgesuche handelte es sich um Personen, die vom Gesetz zur Wiederherstellung des Berufsbeamtentums (GWB) betroffen waren. Diese Gruppe stand mit 58% von insgesamt 150 Einzelfällen an der Spitze. Bei dem restlichen Teil handelte es sich um Menschen mit den unterschiedlichsten Berufen. Darunter waren auch ehemalige Minister wie beispielsweise der Reichsfinanzminister Andreas Hermes. Christliche Gewerkschafter und Reichstagsabgeordnete – auch von der SPD – wie beispielsweise Julius Leber erfuhren die Hilfe Bernings. In der Regel gelang es ihm nicht, die Entscheidungen der Ministerien zugunsten dieser Personengruppe zu ändern.

Mit 10% aller Anfragen waren Personen betroffen, die sich in Schutzhaft oder Haft befanden. Diese Gruppe war naturgemäß politisch weiter gespannt als diejenige, die dem Gesetz zur Wiederherstellung des Berufsbeamtentums unterlag und sich an Berning gewandt hatte. Häufig richtete man sich an den Bischof, weil man glaubte, er als Staatsrat habe besondere Einflussmöglichkeiten und könne helfen, wenn niemandem sonst es noch gelang. Aus dem kirchlichen Bereich zeugt davon ein

Brief des Bischöflichen Geheimsekretärs des Trierer Bischofs Bornewasser. Dort heißt es: „Wenn der Hochwürdigste Herr Bischof von Trier sich persönlich einmischen würde, so wird aufgrund seiner Erfahrung genau das Gegenteil dessen eintreten, was Sie erstreben. Ob bei der heutigen Lage (1935, d. Verf.) der Hochwürdigste Herr Bischof von Osnabrück etwas erreicht, lässt sich natürlich nicht sagen." In all diesen Fällen handelte Berning ohne Ansehen der Person. Dies galt sowohl hinsichtlich der parteipolitischen als auch der konfessionellen Zugehörigkeit der Bedrängten.

Beispielhaft soll das Engagement Bernings deutlich werden am Fall des SPD-Reichstags-abgeordneten Julius Leber und der Lübecker Märtyrer. In vielen Fällen war ihm dabei Dr. Heinrich Lünenborg behilflich. Lünenborg war seit 1930 Zweiter Generalvikariatssekretär, dazu seit 1934 Seelsorger der Schutzpolizei. Über dieses Amt hatte er direkten Zugang zur Polizei.

a) SPD-Reichstagsabgeordneter Julius Leber

Berning wurde mit dem Fall Julius Leber erstmals am 10. April 1935 befasst. Zu diesem Zeitpunkt war Leber schon zwei Jahre in Haft. Zunächst in Schutzhaft, wurde er im September 1933 zu einem Jahr und acht Monaten Haft verurteilt wegen eines Raufhandels gegen Nationalsozialisten mit tödlichem Ausgang, an dem er selbst nicht einmal aktiv teilgenommen hatte. Ihm wurde vom Gericht Notwehr zugebilligt. Die Haft sollte am 29. April 1935 beendet sein. Annedore Leber, die Frau von Julius Leber, erfuhr zu Beginn des Monats April 1935 von der Lübecker Gestapo, dass ihr Mann nicht entlassen, sondern in ein Konzentrationslager verbracht werde. Julius Leber hatte ihr das in seinem Brief vom 17. März 1935 verschwiegen. Frau Leber erfuhr also von der Gestapo noch vor dem Erhalt des Briefes ihres Mannes vom 7. April, in dem er ihr sein weiteres Schicksal anvertraute, von seiner Inschutzhaftnahme durch die Gestapo. Wie es bei längerer Schutzhaft üblich war, wurden die Gefangenen in Konzentrationslager verbracht. Julius Leber überwies man nach Esterwegen. In ihrer Not wandte sich Frau Leber an den Lübecker

Pastor primarius Albert Bültel. Dieser bat sogleich am 9. April 1935 Berning um einen Gesprächstermin für Frau Leber und fügte hinzu, die Dame sei nicht katholisch, wohl aber der Mann und die beiden Kinder. Sogleich nach Erhalt des Schreibens sagte Berning zu und ließ sich in einem weiteren Schreiben des Pastor primarius über den Sachgegenstand informieren.

Wie verabredet fand das Gespräch am Samstag, dem 14. April 1935, in Osnabrück statt. Darin vereinbarten beide, Frau Leber solle ein Gesuch anfertigen und ihm übersenden. Er werde es dem Gestapa in Berlin überreichen. Frau Leber stellte in dem Gesuch die Situation ihrer Familie dar, legte entsprechend der Erwartungshaltung dem Gestapa dar, dass „er (Leber) nicht in einer zerstörenden Opposition, sondern in einem aufbauenden Wirkungskreis seine Zukunftspflichten“ sähe. Abschließend wies sie, wie das bei diesen Gesuchen die Regel war, darauf hin, dass ihr Mann an der Front gekämpft und als Elsässer für Deutschland optiert habe. Man kann davon ausgehen, dass die Struktur des Gesuches in dem Gespräch mit Berning am 14. April 1935 besprochen wurde. Berning übersandte es dann drei Tage später an das Gestapa mit einem Begleitschreiben, in dem er darum bat, „nach Möglichkeit dem Gesuche der Frau, die sich mit ihren Kindern während der Gefängniszeit ihres Mannes redlich durchgeschlagen hat, stattzugeben und ihren Mann nach Abbüßung der Gefängnisstrafe auf freien Fuß zu setzen, da er sich in Zukunft sicherlich loyal zum neuen Staat verhalten wird.“

Knapp zwei Wochen später, am Donnerstag, dem 3. Mai 1935, schrieb Frau Leber erneut an den Bischof und bat darum, ob er nicht mit Staatssekretär Grauert vom Reichsinnenministerium in der Sache ihres Mannes ein Gespräch führen könne. Darum hatte ihr Anwalt gebeten, denn „jede Bemühung von ihm würde durch ein vermittelndes Wort von Ew. Exzellenz nach meiner Ansicht ganz anderen Nachdruck bekommen.“ Am Freitag hatte Berning das Schreiben Frau Lebers erhalten. Sogleich am Montag, dem 7. Mai 1935, bemühte er sich in Berlin um ein Gespräch mit Grauert, der allerdings zu diesem Zeitpunkt nicht in Berlin war. „Ich habe darauf“, so Berning in einem Schreiben vom 8. Mai 1935 an Frau Leber, „bei der Geheimen Staatspolizei persönlich mich sehr warm für die Angelegenheit Ihres Mannes eingesetzt und ersucht, ihn baldigst aus der Schutzhaft zu entlassen. Man hat mir zugesagt, beschleunigt die Angelegenheit zu regeln." Am 25. Mai 1935 schrieb er wiederum an Frau Leber und teilte ihr mit, dass er sich am 27. Mai erneut bei dem Gestapa nach dem Stand der Angelegenheit ihres Mannes erkundigen und „auf Beschleunigung der Angelegenheit drängen" werde. Am 2. Juni erhielt Frau Leber die Mitteilung, dass ihr Mann nicht entlassen werde. Julius Leber war inzwischen in das Konzentrationslager Esterwegen verbracht worden. Am selben Tag schrieb Frau Annedore Leber an Berning, bedankte sich für die Bemühungen des Bischofs um Freilassung ihres Mannes und klagte: „In unserer Lage, die mir manchmal so kummervoll und schwierig zu sein scheint, gibt mir die Anteilnahme Ew. Exzellenz Mut zu neuen Hoffnungen." Von Alfhausen aus, wo Berning sich wegen einer Firmungsreise aufhielt, teilte er am 5. Juni 1935 Frau Leber mit, dass diese Entscheidung erfolgt sei, nachdem er einige Tage zuvor in der Sache bei dem Gestapa vorstellig geworden sei, und teilte ihr dann mit: „Man hat mir zugesagt, dass nach einigen Monaten mit der Entlassung Ihres Mannes gerechnet werden kann. Ich empfehle darum, etwa nach drei Monaten ein Gesuch um Entlassung an die Geheime Staatspolizei in Berlin zu richten, das ich gern befürworten werde."

Kurz vor Ablauf dieses Zeitraums war Frau Leber bei der Gestapo Lübeck vorstellig geworden. Dort hatte man ihr mitgeteilt, dass ihr Mann vorläufig nicht entlassen werde und dass man ihr auch keinen Entlassungstermin angeben könne. Die mehr als zynische Begründung lautete: „Die Schutzhaft wurde verhängt, weil die Strafe von 1 Jahr u. 8 Monaten nicht ausreichend gewesen sei. Zum Schutz von Volk u(nd) Staat müsse sie aufrechterhalten werden." Am 6. September übermittelte Frau Leber an Berning ein neues Entlassungsgesuch und setzte den Bischof von der neuen Situation in Kenntnis. Vier Tage später übersandte Berning das Gesuch wiederum an das Gestapa Berlin und bat erneut und „aufs wärmste" um Entlassung Julius

Lebers aus der Schutzhaft. Mit Schreiben des Gestapa vom 25. September 1935 erhielt er eine erneute Absage der Entlassung, die er mit dem Bemerken des Bedauerns an Frau Leber übersandte. Inzwischen hatte Lünenborg über die Gestapo Osnabrück Informationen zum Fall Julius Leber eingeholt. In einem Gespräch am 10. September teilte Lünenborg Frau Leber mit, dass „Bedenken gegen die Haftentlassung von örtlichen Stellen in Lübeck geltend gemacht würden.“ Lünenborg fügte dann den Eindruck seiner Gesprächspartner von der Gestapo Osnabrück hinzu: „Solange es nicht gelänge, diese Stellen umzustimmen, würden Gesuche an Zentralstellen kaum Erfolg haben.“ Damit wurde klar, dass die entscheidende Stelle für die Freilassung Julius Lebers die Gestapo Lübeck war.

Nach erneuter Ablehnung des Gesuchs bat Frau Leber deshalb den Reichsstatthalter von Mecklenburg-Lübeck, Friedrich Hildebrand, um Hilfe. Dieses Gespräch fand Anfang Oktober 1935 statt. Hildebrand empfahl Frau Leber, ihm ein neues Gesuch um Entlassung ihres Mannes zur Weiterleitung an das Reichsinnenministerium einzureichen, dem er zustimmen werde. Reichsstatthalter Hildebrand wandte sich wie vorher schon Berning an Staatssekretär Grauert. Hildebrand und Grauert waren der Meinung, Leber solle entlassen werden. Dagegen aber standen, wie Lünenborg schon herausgefunden hatte, die Gestapo Lübeck und auch der Lübecker Senat. Das von Hildebrand befürwortete Gesuch wurde am 24. Dezember 1935 abgelehnt. Auf Befragen des Anwaltes von Frau Leber, Rechtsanwalt Ruscheweyh aus Hamburg, teilte die Stapo Lübeck mit, dass Julius Leber aus politischen, nicht aus rechtlichen Gründen inhaftiert bleibe. Der Staat sei „Sieger und handle danach“, so hatte man ihr durch den Anwalt mitteilen lassen. Außerdem sei der „politische Lebensweg meines Mannes [...] von Anfang bis Ende mit Bluttaten begleitet. [...] Diesen Lebensweg könne man meinem Mann nicht vergessen.“ Über diese Einschätzung der Gestapo war Frau Leber irritiert, „weil meinem Mann also nicht mehr oder weniger vorgeworfen wird als seinen ehemaligen Parteifreunden. Diese aber sind bis auf ein ganz paar bereits alle entlassen.“

Am 8. Oktober 1935 war Frau Leber mit ihren Kindern nach Berlin-Zehlendorf gezogen in der Hoffnung, der Umzug werde sich günstig auf die Entscheidung der Lübecker Gestapo auswirken. Für mögliche Besuche bei Grauert erbat sie von Berning ein Empfehlungsschreiben, das dieser ihr Anfang 1936 zukommen ließ. Wegen erheblicher Schicksalsschläge in der Familie versuchte Frau Leber nunmehr ihrem Mann wenigstens zu einem Urlaub zu verhelfen. Dazu sagte Berning am 14. Februar 1936 seine Hilfe zu. Ein entsprechendes Bittgesuch Frau Lebers reichte Berning am 14. März 1936 bei dem Gestapa in Berlin ein. Aber auch dies wurde abschlägig beschieden. Am 20. April 1936 richtete sie ein Entlassungsgesuch an Hitler. Darauf erhielt sie außer einem Eingangsvermerk keine Antwort. Damit zerronnen die Hoffnungen Frau Lebers, anlässlich des Führergeburtstages die Entlassung ihres Mannes zu erreichen. Das Jahr 1936 verlief ohne Erfolg. Am 18. November 1936 bat Frau Leber noch einmal um eine Unterredung mit dem Bischof, die Berning ihr „bei meinem nächsten Besuch in Berlin" anbot. Schließlich wurde Julius Leber am 5. Mai 1937 entlassen. Vier Monate später, am 2. September 1937, teilte Frau Leber dem Bischof mit, „dass mein Mann aus der Haft entlassen ist", und fügte hinzu: „Vor allen Dingen möchte ich Ew. Exzellenz meinen aufrichtigen Dank für die gütigen Bemühungen in unserer Angelegenheit aussprechen." Berning teilte ihr in einem Schreiben vom 11. September 1937 seine große Freude über die Entlassung ihres Mannes mit.

Einen weiteren brieflichen Kontakt hatte Berning mit Frau Leber nach der Verurteilung ihres Mannes wegen Hochverrates zum Tode durch den Volksgerichtshof am 20. Oktober 1944. Julius Leber stand in Verbindung zum Kreisauer Kreis und sollte nach einem erfolgreichen Attentat Reichsinnenminister werden. Sogleich am 26. Oktober 1944 bat Frau Leber den Bischof, im Reichsjustizministerium zugunsten ihres Mannes vorzusprechen. Berning erhielt diesen Brief am 2. November. Noch an demselben Tag antwortete er ihr nach der Journaleintragung – der Brief selbst ist nicht erhalten geblieben –, dass „hierseitige Eingaben" erfahrungsgemäß zwecklos seien. Sie möchte selbst ein Gnadengesuch einreichen. Das Urteil gegen Julius Leber wurde am 5. Januar 1945 in Berlin-Plötzensee vollstreckt.

Am 15. Dezember 1949 wandte sich Frau Leber noch einmal dankend an den Bischof. Sie schrieb ihm: „Immer werde ich für alle diese Bemühungen dankbar sein, wie ich überhaupt in der Zeit des dritten Reiches große Unterstützung von der katholischen Kirche erfahren habe. Es war mit ein Grund, dass ich 1945 konvertierte." In ihrem Dankschreiben erwähnte sie ausdrücklich die Tatsache, dass Berning ihr ein Telegramm zum Konzentrationslager Esterwegen nachgeschickt hatte, „wodurch damals das Leben meines Mannes gerettet wurde." Berning antwortete ihr am 21. Dezember 1949: „Ihr Brief vom 15. Dezember bereitete mir große Freude. Ich habe, seitdem Sie mich vor Jahren in der Angelegenheit Ihres Mannes in Berlin aufsuchten, an Ihrem Schicksal den innigsten Anteil genommen und war besonders durch den Tod Ihres Mannes aufs Tiefste erschüttert."

b) Lübecker Märtyrer

Wie in anderen Fällen wurde auch Bernings Verhalten zu den inhaftierten Lübecker Geistlichen bis in unsere Tage verkannt. So geschah es auch 2005 in einem Beitrag unter dem Titel „Aalglatt und dienernd" in der FAZ vom 19. Oktober 2005. Berning habe die Geistlichen im Stich gelassen und sich mit den anderen Bischöfen durch Schweigen dem Regime angedient. Dass dem nicht so war, ergibt sich aus der Chronologie der Ereignisse. Am 28. Mai 1942 wurden Kaplan Johannes Prassek, am 15. Juni Vikar Hermann Lange und am 22. Juni Adjunkt Eduard Müller neben anderen Mitgliedern Lübecker Gemeinden verhaftet. Dazu gehörte auch Karl Friedrich Stellbrink, Pastor der Luthergemeinde. Ihnen wurde unter anderem zur Last gelegt, seit 1940 Feindsender abgehört, die Wehrkraft durch Verteilung und Besprechung NS-ablehnenden Schrifttums zersetzt und dadurch Hass gegen den nationalsozialistischen Staat verbreitet zu haben.

Nach Aufhebung der Kontaktsperre am 27. August 1942 sorgte sich Berning unverzüglich um die Geistlichen, schon vorher ließ er Grüße durch Dechant Bültel ausrichten. Der

Haftbefehl datierte vom 29. September. Nach vielem Hin und Her – die Anklageschrift war selbst den Anwälten bis kurz vor dem Verfahren nicht zugänglich – kam es am 22. und 23. Juni 1943 zum Prozess vor dem Volksgerichtshof. Man tagte in Lübeck unter der Leitung des Vizepräsidenten des Volksgerichtshofes Wilhelm Crohne. Fünf Tage vor dem Prozesstermin, am 17. Juni 1943, traf der Bischof in Berlin den Vorsitzenden Richter Crohne, den Berning aus früheren Besprechungen kannte, um Näheres über die Anklageschrift zu erfahren. In dem Gespräch teilte dieser dem Bischof mit, dass er die Angeklagten entgegen dem Votum des Staatsanwaltes Drullmann nicht zum Hochverrat verurteilen werde. Berning gegenüber äußerte Crohne, die Herren seien „gute Geistliche". Berning besprach den Fall mit dem Vorsitzenden Richter Crohne und legte die Umstände aus seiner Sicht dar. Zudem bestärkte er den Vizepräsidenten in dessen im Vergleich zum Staatsanwalt zurückhaltenden Haltung. Berning ging nach dem Gespräch davon aus, dass eine Verurteilung wegen Landesverrats erfolge und kein Todesurteil gesprochen werde. Diesen Eindruck teilte er auch den Anwälten mit. Tatsächlich wurden die Geistlichen wegen Landesverrats verurteilt, aber eben zum Tode. Als Straftat wurde „Rundfunkverbrechen und Zersetzung der Wehrkraft in Tateinheit mit Feindbegünstigung" festgesetzt. Im Fall des minder belasteten Müller hatte Crohne zwischen Verhandlung und Urteilsspruch dem Anwalt Müllers auf dessen Vorhaltungen hinsichtlich der zur Last gelegten „Verbrechen" gesagt: „Ist ja ganz egal, alle Geistlichen sind Schufte und Hunde. Auch Müller wird mit dem Tode bestraft." Das war ein eklatanter Widerspruch zu seinen früheren Äußerungen Berning gegenüber. Sollte Crohne tatsächlich seine Meinung geändert haben oder handelte er etwa auf Druck von vorgesetzter Stelle? Die Forschungen von Voswinckel erlauben jetzt eine Antwort: Es war eine Entscheidung Hitlers, die Geistlichen wegen hochverräterischen Verhaltens zu verurteilen - und damit zum Tode. Die Anweisung Hitlers sollte dem Senatsvorsitzenden erst vor der Hauptverhandlung eröffnet werden. Bei dem Gespräch mit Berning war Crohne also selbst die Tragweite des Ganzen nicht bekannt

Abb. 24: Lübecker Märtyrer: Eduard Müller (u. li.), Johannes Prassek (o. re.), Hermann Lange (o. li.), Karl Stellbrink (u. re.)

und konnte deshalb im Gespräch mit Berning den Eindruck erwecken, als würden die Geistlichen nicht zum Tode verurteilt. Nach Lage der Dinge war es wohl auch wirklich seine Überzeugung. Crohne hatte gegenüber Berning also kein Doppelspiel gespielt. Er folgte der Anweisung Hitlers, die er unmittelbar vor der Hauptverhandlung erfahren hatte: Verurteilung zum Tode wegen Vorbereitung zum Hochverrat „in Verbindung mit landesverräterischer Feindbegünstigung“. Crohne hatte also seine Auffassung des Landesverrates, die er Berning gegenüber geäußert hatte, mit dem Hochverratsvorwurf Hitlers kombiniert. An diesem Prozess nahm Dr. Lünenborg als Beobachter teil.

Der Entscheidung Hitlers lag eine klare Strategie zugrunde. Die Geistlichen hatten neben anderen Publikationen die Galen-Predigten vom 13. Juli, 20. Juli, 3. August und 14. September 1941 in Gruppenabenden verteilt. An diesen Zusammenkünften hatten auch etliche Soldaten teilgenommen, so dass sie auf diese Weise über die Predigten des Bischofs informiert wurden und sie in Soldatenkreisen verbreiten konnten. Besonders ärgerte Hitler und Goebbels über die Aussagen zur Euthanasie hinaus die folgende Passage aus der Predigt Galens vom 3. August 1941: „Wenn man die unproduktiven Menschen gewaltsam beseitigen darf, dann wehe unseren braven Soldaten, die als Schwerkriegsverletzte, als Krüppel, als Invaliden in die Heimat zurückkehren." In der Wahrnehmung Hitlers und seiner Paladine wurde aus der von Galen angedeuteten Möglichkeit eines solchen Vorgehens gleich eine Tatsache. So etwa Goebbels zur Aussage Galens: „[…] dass ernsthaft verwundete Soldaten liquidiert würden." Nach Auffassung der nationalsozialistischen Führungsschicht war damit auch der Vorwurf der Anstiftung zum Defätismus erfüllt. Welcher Soldat sollte angesichts einer solchen Äußerung noch bereit sein, im Kampf alles zu geben? Damit die galenschen Predigten nicht weitere Verbreitung fänden und die Äußerungen des Bischofs nicht weiter zu den Soldaten gelangen könnten, ordnete Hitler am 29. März 1943 an, alle jene Teile aus der Anklageschrift zu entfernen, die auf den Predigten Galens beruhten. Die Anklageschrift wurde entsprechend bereinigt und der Senatsvorsitzende vor der Hauptverhandlung, wie gewünscht, von der Einsicht Hitlers in die „hochverräterische Betätigung" in Kenntnis gesetzt.

Nachdem die Geistlichen – für den Bischof nach dem Gespräch mit Crohne wider Erwarten, wie er selbst formulierte, – zum Tode verurteilt worden waren, sorgte sich der Bischof unverzüglich um ein Gnadengesuch. Dazu fuhr er am 26. Juni 1943 nach Berlin, traf sich im Reichsjustizministerium mit Ministerialdirigent Vollmer. Bei diesem Gespräch beklagte sich Berning darüber, dass er wie auch die Anwälte nicht frühzeitig über die Anklage informiert worden seien. Er äußerte seine Betroffenheit über die Härte des Urteils und über die Art der Begründung. Dabei wies er auf die Ergebnisse seines Gespräches mit Crohne vom 17. Juni 1943 hin. Im weiteren Verlauf der Unterredung ließ Berning sich von Vollmer beraten, an wen, wann, wie und mit welchen Inhalten das Gnadengesuch abzufassen sei. Es hatte offensichtlich höchste Eile. Berning formulierte auf der Grundlage der Ratschläge Vollmers noch auf dem Wege von Berlin nach Osnabrück im Zuge einen Rohentwurf, den Lünenborg nach der Rückkehr Bernings überarbeitete. Die so veränderte und von Berning erneut korrigierte Fassung wurde noch am Sonntag, dem 27. Juni 1943, dem Reichsjustizminister zugesandt. Berning hatte also die grundsätzliche Struktur des Gesuches mit dem Ministerialbeamten abgesprochen und offensichtlich bei der Gelegenheit Informationen darüber erhalten, dass eine neue, eingeschränktere Begnadigungspraxis vorbereitet wurde. Danach sollte eine Begnadigung wegen der Kriegssituation nur bei Vorliegen ganz außergewöhnlicher Umstände ausgesprochen werden. Sie erklärt die Eile, mit der das Gesuch abgefasst wurde. Ein Gnadengesuch, das vor Verabschiedung der neuen Verordnung eingereicht würde, hätte möglicherweise noch nach den alten Grundsätzen entschieden werden müssen. Jedenfalls hätte ein wohlwollender Sachbearbeiter im Gnadenbericht so argumentieren können. Auch konnte sich der Bischof durch die Informationen des Ministerialbeamten auf diese neue Situation einstellen und das Gesuch seinerseits entsprechend den geplanten Vorgaben formulieren. In der bisherigen Diskussion um den Bischof und die Lübecker Geistlichen meinte man monieren zu müssen, Berning habe in dem Gnadengesuch das Tun der Geistlichen im Sinne des Staates als unrechtmäßig hingestellt, statt sich vor seine Geistlichen zu stellen. Die Anforderungen an das Gesuch und dessen Erstellung machen deutlich, dass es dem Bischof um ein Gnadengesuch ging, das die Vollstreckung des Todesurteils verhindern sollte. Eine der Voraussetzungen für die Begnadigung war „rückhaltlose Offenheit oder Geständnis, die die Aufdeckung oder Aufklärung des Verfahrens entscheidend beeinflusst haben und ehrlicher innerer Wandlung entsprungen sind». Mit Ausnahme von Müller hatten die beklagten Geistlichen den geschilderten Sachverhalt im Wesentlichen gestanden. Hätte Berning das Verhalten der Verurteilten im Gnadengesuch rechtfertigen wollen und sich in diesem Sinne vor sie gestellt, so wäre er im Widerspruch zur Schuldanerkenntnis der Priester gestanden. Er hätte das Gnadengesuch nicht zu formulieren brauchen, es wäre vergeblich gewesen. Das war es auch jetzt, aber Berning konnte es nicht wissen, weil ihm nicht bekannt war, dass Hitler das Todesurteil verlangt hatte. Der Rechtsvertreter der Lübecker Kapläne, Justizrat Rechtsanwalt Dix aus Berlin, jedenfalls lobte das Gnadengesuch als „sehr gut". Reichsjustizministers Thierack lehnte das Gesuch am 21. Oktober 1943 ab. Am 10. November 1943 wurden Müller, Lange und Prassek in der Strafanstalt Hamburg-Holstenglacis hingerichtet.

Am Tage der Hinrichtung schrieben alle drei jeweils einen Brief an ihren Bischof. Zwei dieser Schreiben galten als verschollen. Tatsächlich waren sie – bis auf das von Müller – vom Oberreichsanwalt in Leipzig nicht freigegeben worden. Die Leitung des Untersuchungsgefängnisses in Hamburg hatte dem Oberreichsanwalt die Briefe der zum Tode Verurteilten an den Bischof zugestellt, um über die Freigabe entscheiden zu lassen. Der Oberreichsanwalt gab das Schreiben Müllers frei, „da sein Inhalt zu irgendwelchen Beanstandungen keinen Anlass gab", während er die Absendung der beiden übrigen Briefe nicht genehmigte. In den Briefen von Prassek und Lange sah der Prüfer eine Gefahr für das Staatswohl, da die Briefe zur Propaganda „in die Hände Unbefugter gelangen" könnten. An Prasseks Schreiben fand er besonders anstößig, dass dieser es „als einen großen Vorzug und als großes Glück empfinde, unter diesen Umständen sterben zu dürfen". An dem Brief Langes störte ihn, dass der Vikar „die Kraft habe, ruhig, stark und froh das Letzte und Schwerste zu überwinden." Die Schreiben erweckten nach Ansicht des Oberreichsanwalts den Eindruck, „dass sie sich bei der Begehung der Straftaten für eine gute Sache eingesetzt und ihr Leben als Märtyrer geopfert haben." Deutlich wird an der Begründung des Oberreichsanwalts für die Verweigerung der Zustellung, wie sehr dieser Staat, der Millionen Menschen in den Krieg geführt hatte, der die Unterdrückung durch die Gestapo perfektioniert hatte, der die Menschen immer wieder neu erfolgreich einschüchterte, wie sehr dieser Staat Angst hatte vor den toten Priestern Lange und Prassek. Alle drei waren aufgrund einer tiefen Religiosität unbeugsam und hoffnungsfroh in den Tod gegangen. Dafür sind die Briefe Zeugnis und als solche sind sie ein bedeutendes Zeitdokument. Mit ihrem Bekenntnis im Angesichte des Todes entlarvten die Priester das Regime ein letztes Mal. Über den Tod hinaus waren die drei Lübecker Geistlichen für den NS-Staat eine Bedrohung. Das Regime konnte sich nur noch in der von ihm immer geübten Form der Unterdrückung ihrer Botschaft erwehren.

Wenngleich Berning das Verhalten der Geistlichen missbilligte und für fahrlässig hielt, so zeigt die Darstellung, dass er sich intensiv mit dem gesamten Verfahren, seinen Umständen und den Folgen befasste. Tröstend suchte er am 5. Juli 1943 die Geistlichen auch im Gefängnis auf. Seine Aktivitäten blieben der Öffentlichkeit verborgen. Eine Äußerung dort hätte alle Maßnahmen, die er guten Glaubens in Gang setzte, von vornherein zunichte gemacht. In diesem Fall waren Verhandlungen Erfolg versprechender als demonstrative Akte. Er nutzte die ihm zugänglichen Verbindungen, um die Geistlichen zu retten. Dabei scheute er selbst nicht die Verhandlungen mit dem Vorsitzenden Richter und machte sich im Falle des Gnadengesuchs die Kenntnis und den ministeriellen Rat zunutze. Wenn er dabei nicht erfolgreich war, lag dies nicht an seinem mangelnden Engagement, sondern an der Einstellung Hitlers, der sich den Kampf gegen Kirche und Christentum vor dem eskalierenden Hintergrund des immer aussichtsloseren Krieges auf die Fahnen geschrieben hatte. Wenngleich vergeblich, so hatte Berning immerhin auch in diesem Fall noch Zugangsmöglichkeiten zu höheren Reichsstellen wie etwa dem Justizministerium und dem Richter Crohne. Galen musste in einem Brief an den Vater des angeklagten Vikars Hermann Lange demgegenüber für seine Person feststellen: „Ich kann es gut mitempfinden, welche Sorge Sie bedrückt, da nicht wenigen meiner mir so nahe stehenden Priester ein ähnliches Los zuteil geworden ist. Und da ich denselben nicht helfen kann! Sie werden es mir glauben: gerade ich habe am allerwenigsten die Möglichkeit, an den zuständigen Stellen einen Einfluss auszuüben. Im Gegenteil: ich muss befürchten, dass eine Vorstellung von meiner Seite dem Betreffenden sogar noch mehr den Hass zuziehen würde!" Wenn Berning das Verhalten der Geistlichen ablehnte, so lag das in seiner Kenntnis der Unberechenbarkeit der Gestapo begründet. Er wollte keine Märtyrer machen, sondern verhindern. Dies sah von Galen ähnlich, wie der Fall des Prälaten Wissing zeigt. Kurz vor seinem Abitur wurde Wissing wegen „verbotener Jugendarbeit" sechs Wochen von der Gestapo inhaftiert. Dafür handelte er sich den Tadel Bischof Galens ein, „nicht freiwillig zum Märtyrer (zu) werden". Das Engagement Bernings für die Lübecker Märtyrer zeigt, dass die damalige katholische Kirche in der Person Bernings den Geistlichen in der Not sehr wohl zur Seite gestanden hat. Wie nahe Berning ihnen war, zeigt auch die Tatsache, dass der Bischof an jedem Todestag in der Eucharistiefeier das Evangelium aus dem Neuen Testament des Kaplans Prassek mit dessen Notizen und Anstrichen verlas.

Der Wahlspruch „Caritas Christi urget" war ihm Maßstab für die Hilfe, die er anderen Menschen angedeihen ließ. Politische oder konfessionelle Ausrichtungen des Verfolgten spielten dabei keine Rolle. Er tat das alles „im Interesse der Menschlichkeit". Selbst wenn er manches Verhalten nicht nachvollziehen konnte und davor gewarnt hatte, stellte er seine eigene Einschätzung zurück und tat auch dann alles, was in seinen Kräften stand. Wenn er häufig nicht erfolgreich war, so hatte das seinen Grund nicht in seiner möglichen Zurückhaltung seinerseits, sondern in der brutalen Herrschaft der Nationalsozialisten, wie der Fall der Lübecker Märtyrer zeigt.

III. Berning gegen Ende seines Episkopates: Nachkriegszeit und frühe Bundesrepublik

1. Äußerungen über die NS-Zeit nach 1945

Bernings Sicht des Nationalsozialismus in der Nachkriegszeit stand ganz unter dem Zeichen des Kirchenkampfes. Seine Perspektive richtete sich, was die Zukunft anging, darauf, Grundlagen des Neuaufbaus zu benennen. Ausgangspunkt seiner Überlegungen waren Erfahrungen der Verfolgung in der NS-Zeit. So erwähnte er etwa die Beschlagnahme der Enzyklika 1937, die Behinderung ihrer Verlesung sowie auch die Bestrafung und Einkerkerung der Priester in Gefängnissen und Konzentrationslagern. Weiterhin sprach er über die Konfiszierung der Klöster, die Beschlagnahme des Eigentums „missliebiger Menschen" und geißelte die tyrannische Unterdrückung alternativer Überzeugungen und die Missachtung der Menschenrechte. Bestand die Ansprache vom Mai 1945 in Rulle noch vornehmlich in einer Darstellung einzelner Missetaten des Regimes, so nutzte der Bischof die Silvesterpredigt 1945 zu einer grundsätzlicheren und umfassenderen Auseinandersetzung mit dem Nationalsozialismus. Wichtiger als die Zerstörung der Städte war ihm die „Verwüstung", welche die Nationalsozialisten in den Köpfen der Jugendlichen angerichtet hatten, als man ihnen, wie Berning formulierte, den christlichen Glauben nahm und ihnen „das Gift einer heidnischen Lehre und Sittlichkeit einträufelte." „Das war das größte Verbrechen der Zeit", so Berning, „dass man unsere Jugend verdarb. Ehrfurcht nahm man ihnen, Ehrfurcht vor Gott, vor Christus und der Kirche, Ehrfurcht vor jeder Autorität, Ehrfurcht vor allem, was hoch und heilig ist. Ehrfurcht ist aber die wahre Grundlage einer gesunden Erziehung.“ Weiterhin sah der Bischof den NS-Staat als ein auf Lügen aufgebautes Gebilde. Diese waren nach seinen eigenen Erfahrungen „Hauptpropagandamittel des verflossenen Reiches“ und bestimmten das Handeln der Machthaber nach Meinung Bernings schon im Jahre 1933, wodurch die Menschen irregeleitet wurden: „Lüge war die feierliche Versicherung bei der Machtübernahme, dass das Neue Reich auf den Pfeilern der beiden christlichen Konfessionen aufgebaut werden sollte. Lüge war der Vertrag mit dem Heiligen Stuhl, der viele Katholiken irregeführt hat.“ Auch Berning selbst war ihr zeitweilig erlegen. Rechtfertigend ging er auf den Krieg ein, indem er sagte: „Gelogen hat man über die Ursachen und den Verlauf des furchtbaren Krieges. Die Wahrheit konnten wir ja nicht hören. Fremde Nachrichten am Radio abzuhören war ja mit Zuchthaus oder mit dem Tode bestraft.“ Wenngleich das Abhören fremder Nachrichten in der Tat streng bestraft wurde, so trifft die Unkenntnis über den Beginn des Krieges zu, über die weitere Entwicklung waren die Bischöfe aber durchaus informiert.

Weiterer Gegenstand der Kritik Bernings am Regime war die Rechtlosigkeit der Menschen. Er fasste zusammen: „Unrecht gegen Leib und Leben, Unrecht gegen Kirche und Klöster, Unrecht gegen Ehre und Eigentum, Unrecht gegen fremdrassige und eigene Volksgenossen. Aber auf Unrecht kann niemals ein Staat aufgebaut werden.“ Dementsprechend würdigte er anlässlich des Jahresgedenkens des Todes von Kardinal Galen am 23. März 1947 in Münster, zu der er als Prediger eingeladen worden war, den frühen, andauernden und entschiedenen Kampf dieses Bischofs um die Einhaltung des Sittengesetzes. Auch zum Judenmord äußerte sich der Bischof in der Silvesterpredigt 1945. Dazu sagte er: „Hass wurde gepredigt in den Parteiversammlungen und in der Öffentlichkeit gegen die Angehörigen fremder Rassen, gegen die Juden. Millionen von ihnen sind aus Hass getötet worden. Wer Hass sät, wird Hass ernten. Und was diese deutschen Verbrecher an Hass dort im Osten gesät haben, dafür müssen jetzt so viele Unschuldige im Osten büßen.“ In diesem Zusammenhang finden sich Bemerkungen, welche die Unkenntnis über die Vorgänge und die Ohnmacht der Kirche ausdrücken. Die Ausführungen zu den Konzentrationslagern sind ihm Anlass, vor einer Kollektivschuld im juristischen Sinne zu warnen: „Man darf nicht unser ganzes Volk schuldbar und strafbar machen für die Kriegsverbrechen und alle Gräueltaten in den Konzentrationslagern, die wir gar nicht kannten und die wir nicht hindern konnten." Gleichwohl anerkannte er, dass doch auch das deutsche Volk Schuld im Sinne von Verantwortung auf sich geladen hatte. Berning sagte in einer Jugendfeier am 8. September 1946 im Dom von Osnabrück: „Wieviel Verwirrung, wieviel Zerrüttung auf dem Gebiete der Religion und Sittlichkeit ist durch den Nationalsozialismus angerichtet. Wie hat der Krieg alle Bande der Zucht und Ordnung zerrissen. Nun ist mit der Schuld unsagbar viel Leid über unser Volk gekommen. Aber wir lieben unser Volk und Vaterland nicht weniger. Es ist doch unser Volk, dem wir durch gemeinsame Abstammung, gemeinsame Schuld und gemeinsames Schicksal verbunden sind. Es gleicht einem verstümmelten kranken Heimkehrer aus dem Kriege, dem wir auch unsere besondere Liebe entgegenbringen. Gerade in seiner Armut und Not, in seiner Erniedrigung und Verachtung lieben wir unser Volk noch mehr. [...]" Allerdings fällt auf, dass er die Gläubigen über das Ausmaß der Kenntnisse und die Aktivitäten der Bischöfe selbst etwa in der Frage der Judenverfolgung im Dunkeln ließ.

Die Ursache für alle diese Fehlentwicklungen des Staates sah der Bischof in dessen totalitärem Anspruch. Von diesem Selbstverständnis her vergötterte nach Meinung des Bischofs dieser Staat sich selbst und seine Führer. „Daher setzte er sich", so Berning am 13. November 1947 auf einer Jugendfeier in Bremen, „über alles Recht hinweg. Er erkannte Gottes Gesetze nicht an. Darum sein Kampf gegen alle Religion. Darum trat er die Rechte des Menschen mit Füßen, das Gewissen, die Ehre, das Vermögen, die Freiheit und das Leben des Einzelnen. [...] Das war die Herrschaft eines heidnischen, rein dämonischen Staatsabsolutismus." Vor dem Albertus-Magnus-Verein sagte er am 15. November 1946: „Ihr Wille (der Nationalsozialisten, d. Verf.) war Gesetz und verlangte Gehorsam ohne Rücksicht auf moralische Normen und innere Bindung des Gewissens. Aus diesem Grund waren sie Feinde jeder wahren Religion, die den menschlichen Geist bindet an einen überirdischen, absoluten Herrn und Gesetzgeber. Darum wurde der politische Nationalsozialismus selbst zu einer Weltanschauung, zu einer Art Pseudoreligion. […] Glaube, Sakramente, heilige Zeichen, selbst Gott und Vorsehung wurden ins Politische umgebogen. Die Gegenkirche gipfelt in einem Menschen, der Gottes Allmacht und Vorsehung nachahmen will […]" Der NS-Staat war nach Meinung des Bischofs das Ergebnis der neuzeitlichen antireligiösen und antichristlichen Entwicklung, die seinen Ausgang in der Glaubensspaltung des 16. Jahrhunderts hatte sowie in der „Aufklärung mit ihrer Verherrlichung der Vernunft, [...] (dem) Siegeszug der Technik, de(m) Kapitalismus und Marxismus, die beide in den irdischen Gütern die höchsten Lebenswerte sahen." Ein entschiedener Rückgriff auf demokratische Traditionen wurde den Bischöfen durch deren häufig kirchenfeindliche Ausrichtung auch erschwert.

Die Überlegungen des Bischofs aus der Nachkriegszeit sind in ihrer grundsätzlichen Skizzierung des Nationalsozialismus durchaus nachvollziehbar. Wer wollte ihm nicht zustimmen in seinem Urteil über den Staatsabsolutismus, über die Verfolgung von Christen, Kirchen, der Juden und Andersdenkenden in der NS-Zeit! Auch die Tatsache, dass die theologischen Positionen der katholischen Kirche etwa zum Rassismus und Nationalismus immer – auch 1933 – in einer Spannung zur NS-Ideologie standen, dass diese Spannungen sich im Laufe der Jahre der NS-Herrschaft bis in das Jahr 1941 erheblich steigerten und in der öffentlichen Forderung nach Einhaltung der allgemeinen Menschenrechte gipfelten, wird man nicht negieren können. Und dennoch bleiben Fragen. Wäre es nicht angezeigt gewesen, auf das Verhalten der Bischöfe im Jahre 1933 einzugehen? Dies tat er mit keiner Silbe. Damit ließ der Bischof die Gelegenheit verstreichen, seine Rolle als Preußischer Staatsrat selbst vorzutragen und in ihrer Bedeutung für das Vorgehen des Gesamtepiskopates zu gewichten. Insbesondere gab er damit sein eigenes Verhalten, das sich in der Übernahme des Amtes des Preußischen Staatsrates dokumentierte, der Gerüchteküche preis. Man hatte zu wenig Distanz zu den Ereignissen. Zu stark aber war auch das Bestreben, das er in die Worte kleidete: „Weg mit den trüben Bildern der Vergangenheit!“

2. Engagement für das katholische Schul- und Hochschulwesen

a) Katholische Bekenntnisschule

Der Schulkampf im Westen Deutschlands nach 1945 und in der frühen Bundesrepublik ist ohne die Auseinandersetzung um die Bekenntnisschule in der NS-Zeit nicht zu denken. Sie prägte weithin die Forderungen der Bischöfe in dieser Frage nach 1945. Statt eine Wiedergutmachung zu gewärtigen, erlebte man in der eigenen Wahrnehmung die Abschaffung der Bekenntnisschule als einen ähnlichen Akt des Raubes, wie ihn die Nationalsozialisten 10 Jahre zuvor begangen hatten. Die Erfahrungen mit dem NS-Regime versperrten ihnen den Blick für die veränderten Realitäten in der Bekenntnisschulfrage nach 1945. Liberale und Sozialdemokraten strebten eben keine Parteischule an, wie dies die Nationalsozialisten wollten. Die Gemeinschaftsschule, die sie intendierten, sollte Teil einer freiheitlichen Ordnung sein. Allerdings hatten beide Parteien starke antichristliche und antikirchliche Einstellungen. Zusätzlich zeigte die Entwicklung der Staatsschulen, wie sie sich in der SBZ entwickelten, eine erneute diktatorische Tendenz. Auch das hatten die Bischöfe vor Augen.

In den dreißiger Jahren hatte Berning öffentlich gegen eine solche unrechtmäßige Beseitigung der Bekenntnisschule gekämpft. Er sah darin einen Teil des Kampfes der Nationalsozialisten gegen die Kirche, um sie zu schwächen, und einen Griff auf die Kinder zu erhalten, um sie in der nationalsozialistischen Ideologie zu erziehen. Aus seiner Sicht war daher der Kampf um die Schule ein Kampf für die Freiheit der Gläubigen und der Kirche. Für die Nationalsozialisten war er ein Kampf um die Errichtung einer NS-Bekenntnisschule, in der die „Rasse“ der leitende Wertbegriff sein sollte, die Gemeinschaftsschule eine Etappe auf dem Weg zur nationalsozialistischen Bekenntnisschule. Dies bekundet Rosenberg in seinem Tagebuch unter dem 9. April 1940: „Ich vertrat den Standpunkt: die W(elt)-A(nschauung) des NS soll alle Fächer durchdringen. […] Trennung von Staat u(nd) Kirche als Ziel ist eine liberalistische Haltung. Für uns ist alles ein Zwischenstadium." Demgegenüber stellte Berning am 1. Fastensonntag 1935 in einem Beitrag für die Germania das „christliche Persönlichkeitsideal" dar. In diesem Artikel forderte er die katholische Bekenntnisschule, da nur sie geeignet sei, den katholischen Grundsätzen ausreichend Raum zu geben. „Das katholische Erziehungsideal", so Berning, „ist der katholische Mensch." Darunter versteht er einen Menschen, der „ganz auf Gott ausgerichtet" ist und sich als dessen Geschöpf begreift. Daher ist der Mensch nicht „autonomer Herr und Gebieter, er ist Gottes Diener und Verwalter göttlichen Gutes. Er muss Rechenschaft ablegen über alles, was er tat, und steht mit seinem ganzen Sein und Tun unmittelbar vor dem Angesicht Gottes." Aus dieser Zuordnung des Menschen folgt für Berning, dass der „katholische Mensch [...] ein Mensch geordneter Ganzheit" ist. Alles hat seinen relativen Wert. Dazu sei es notwendig, dass Gott als der höchste Wert „klar im Zentrum seines Bewusstseins steht." Daher ist für Berning der „christliche Humanismus" das katholische Erziehungsideal. Mit seinen Ausführungen gab Berning ein Beispiel für die These, dass auch konkrete schulpolitische Forderungen aus einem Grundkonzept entstehen, Ausdruck einer „geistigen Lebensorientierung" sind. Daher war auch die Frage nach der Bekenntnis- oder Gemeinschaftsschule eine höchst politische Frage, welche die grundsätzlichen ideologischen Kategorien der Nationalsozialisten berührte. Die von den Nationalsozialisten angestrebte Gemeinschaftsschule war aus der Sicht Bernings eben inhuman.

So wie der Osnabrücker Bischof in der NS-Zeit öffentlich in die Auseinandersetzung um die Schule eingriff, so tat er es auch nach 1945. Da sich der Kampf um die Bekenntnisschule nach 1945 in Niedersachsen für Berning bis 1954 hinzog, gab es unterschiedliche Adressaten für seine Forderungen. Da waren zunächst die britische Besatzungsmacht, dann der Parlamentarische Rat und schließlich die Parteien im Landtag von Niedersachsen. Häufig verliefen seine Aktionen auf den verschiedenen Ebenen parallel. Immer musste er dabei die Gläubigen im Blick behalten, denn letztlich konnten nur sie wirkungsvoll auf die Entscheidung der Parteien Einfluss nehmen. Die britische Besatzungsmacht versuchte er zum Eingreifen zu bewegen, indem er den Unrechtscharakter der nationalsozialistischen Schulentscheidungen betonte, weshalb die Bekenntnisschule nicht aufgehört habe zu existieren und lediglich jetzt durch die Besatzungsmächte wieder in den alten Stand zurückversetzt werden müsste. Demgegenüber betonte die Besatzungsmacht in Gesprächen mit Berning und dem Paderborner Erzbischof Jaeger etwa am 14. August 1945, dass sie die Schulfrage für eine innerdeutsche Angelegenheit hielte, in die sie nicht selbst vorweg eingreifen möchte. Da die Gültigkeit des Konkordates umstritten schien, konnten Bernings Hinweise auf diesen Vertrag die Briten auch nicht überzeugen. Der Bischof gewann den Eindruck, die Engländer seien nicht an der Bekenntnisschule interessiert. In England selbst kannte man sie nicht. Damit lagen die Briten auch in Deutschland im Trend der Zeit, denn seit der industriellen Revolution war die Milieustabilität auch in katholischen Gebieten durchaus an ihre Grenze gekommen. Eine gewisse Rationalität der Entscheidung war ihnen also nicht abzusprechen. Beide Kirchen hatten unter der NS-Herrschaft gelitten. So gingen auch in der Parteipolitik Katholiken und Protestanten zusammen andere Wege. Sie waren im Begriff, die CDU in Niedersachsen zu begründen. Sie wurde am 19. November 1945 in Vechta aus der Taufe gehoben. Berning selbst unterstützte diese Prozesse. Die Partei realisierte damit ein politisches Verlangen, das Julius Bachem selbst für das Zentrum 1906 schon gefordert hatte.

Da die Briten keine eigene zentrale Entscheidung fällen wollten, musste es darum gehen, die Eltern für die katholische Bekenntnisschule zu gewinnen und das Elternrecht im zukünftigen Grundgesetz zu verankern. Dieser Weg hatte aus Sicht der Bischöfe und Bernings den Vorzug, dass damit eine Verpflichtung bundesweit für alle Länder vorgegeben gewesen wäre. Da auch das nicht gelang, urteilten die Bischöfe im Hirtenbrief vom 6. Juni 1949 über das Grundgesetz als mit einem „schweren Makel“ behaftet, der darin bestehe, dass das Elternrecht förmlich nicht durchgesetzt worden sei. Obwohl selbst im Kreis der christlichen und konservativen Abgeordneten keine Einigkeit in der Frage bestand, sahen Berning und auch die anderen Bischöfe die eigentliche Ursache bei den „Abgeordneten der sozialistischen und liberalistischen Weltanschauungen“, die „für wesentliche christliche Forderungen kein Verständnis gehabt hätten“. Die Abgeordneten seien Anhänger der „Simultanschule“. Die Bischöfe teilten dem katholischen Volk in einem Hirtenwort vom 14. Juli 1949 mit: „Wir haben die Abgeordneten darauf aufmerksam gemacht, dass durch ihre Haltung der Schulfriede gefährdet wird, dass das christliche Volk seine Folgerungen ziehen wird – alles war umsonst.“ Das Elternrecht wurde so zum entscheidenden Streitpunkt des Schulkampfes. Die Bischöfe forderten es, SPD und Liberale wollten es verhindern, weil sie eine Simultanschule dann nicht mehr hätten durchsetzen können. In dem Hirtenwort vom 7. September 1952 zeigten die Oberhirten ihr Entsetzen, „wie sie (die Abgeordneten) in der Beschränkung der religiösen Erziehung der Kinder der organisierten Gottlosigkeit in die Hände spielen“. Verzweifelt waren sie: „Begreift man denn nicht, dass der lebendige Gottesglaube in den Herzen der Menschen das letzte Bollwerk gegen Vermassung und Versklavung ist, und dass der, der diesem Bollwerk nicht seine ganze Stärke lassen will, dem Untergang die Wege bereitet?“ Da Berning im Episkopat für die Schulpolitik zuständig war, formte er wesentlich diese Sicht der Bischöfe. Dazu war gerade er berufen, weil er seit dem Beginn der Weimarer Republik mit der Schulpolitik befasst war. So war er Mitglied der Reichsschulkonferenz, die allerdings scheiterte. So führte er auch die Verhandlungen mit den Nationalsozialisten – und nun musste er erkennen, dass das liberale und das sozialistische Lager auch nach dem Debakel der NS-Zeit nicht bereit waren, das Elternrecht verfassungspolitisch bundesweit zu sichern. In seinem Verständnis war es die Omnipotenz des Staates – nunmehr von links. Es gelang aber auch nicht, es in den Länderverfassungen überall zu sichern.

Da im Sinne der Kirche keine zentrale Entscheidung für das Land Niedersachsen zu erwarten war, überließ man das Schulwesen faktisch den Verhältnissen vor Ort. So erläuterte Berning in einem Schreiben vom 5. Juli 1945 dem Regierungspräsidenten von Osnabrück die Rechtslage und forderte, überall schon einmal Bekenntnisschulen einzurichten, wo die räumlichen Verhältnisse das zuließen. Auch im Bistum Hildesheim richtete man schon nach dem 5. Juni 1945 solche Schulen ein und übte damit Druck auf die Besatzungsmacht aus. Die Militärregierung kanalisierte die Entwicklung mit der Erziehungsanordnung Nr. 1 vom 14. Januar 1946. Sie erlaubte in den Gebieten, in denen Bekenntnisschulen vor der NS-Zeit bestanden hatten, Elternabstimmungen über die Schulform und bat die deutschen Behörden dem Willen der Eltern zu folgen. Damit waren entscheidende Schritte gegen die Bekenntnisschule als Regelschule getan. Die Engländer hatten Abschied genommen von der bisherigen Rechtslage, die die Bischöfe vertraten, und die durch die Nationalsozialisten gewaltsam beseitigte Bekenntnisschule in Richtung der Gemeinschaftsschule als Regelschule verändert. Mithin bestätigten sie den Rechtsbruch der Nationalsozialisten. Berning fragte in einem Gespräch mit General Templer am 30. Januar 1946, weshalb denn noch Abstimmungen notwendig seien, wenn die Rechtslage doch klar sei. Die Antwort lautete: Die Militärregierung ginge von der gegenwärtigen schulpolitischen Situation aus, und da sei die Gemeinschaftsschule die Regelschule. Diese Lage sollte sich trotz des Kampfes der Bischöfe in Niedersachsen nicht mehr ändern. In der Provinz Hannover führte man zeitgleich Abstimmungen unter der Elternschaft durch, die im Regierungsbezirk Osnabrück mit 58% für die katholische Bekenntnisschule, mit 26% die evangelische Bekenntnisschule und 16% für die Simultanschule ausgingen. Die Tatsache, dass die jeweilige Bekenntnisschule als Konsequenz der Abstimmung nur auf Antrag eingerichtet wurde, beweist die veränderte Rechtslage. Die Gemeinschaftsschule war die Regelschule geworden. Wie die Zahlen zeigen, hatte sich das Beharren auf dem Elternrecht bewährt. Die Kirche konnte ihre Gläubigen mobilisieren. Es war eine Demonstration der Macht der Befürworter und ein Affront gegen deren Gegner.

Entsprechend war die Reaktion der Gegner der Bekenntnisschule. Kultusminister Adolf Grimme von der SPD, im ersten Kabinett Kopf vom 11. Juni 1947, kündigte am 28. Juni desselben Jahres den „schärfsten Kampf" gegen die Bekenntnisschule an. Berning war der Meinung, Grimme könne nicht weiter Minister sein, wenn er sich so gegen das überwältigende Votum der Eltern stelle. Aus Sicht der SPD betrieben Kirche und CDU einen „Kulturkampf". Die Gegner sahen im Verlangen der Kirche nach der Bekenntnisschule einen „Totalitätsanspruch" der „Organisation" Kirche, die Bischöfe dagegen in ihr das Instrument einer ganzheitlichen Erziehung, zu der sie aufgrund ihres Auftrages, das „ewige Heil" zu vermitteln, verpflichtet seien. Beide Seiten schenkten sich nichts. Zusammenkünfte, Resolutionen und Tagungen begleiteten diese Auseinandersetzungen auf katholischer Seite: Es war eine ungeheure Mobilisierung der Gläubigen gegen die Schulpolitik der Landesregierung. Auch die Presse mischte kräftig mit wie etwa der „Lingener Volksbote". Nach Aussage des Verlegers war die Zeitung mit dem Artikel „Verschwinden die Kreuze in den Schulen?" zum offenen Angriff übergegangen. Die Verbissenheit der Auseinandersetzung ist nur vor dem Hintergrund der Erfahrungen in der NS-Zeit zu verstehen. Dennoch konnte Ministerpräsident Hinrich Wilhelm Kopf 1953 die Evangelisch-Lutherische Landeskirche Hannover für eine Zustimmung zur Gemeinschaftsschule gewinnen. Gespräche des Kultusministers Voigt am 27. November 1951 und des Ministerpräsidenten Kopf bei Berning am 10. Oktober 1953 brachten keine Annäherung in der Sache. Beide Seiten verblieben bei aller persönlichen Freundlichkeit in gegenseitiger inhaltlicher Abneigung verbunden. Das dann 1954 verabschiedete Schulgesetz bot keinen Ansatz für eine flächendeckende Einführung der Bekenntnisschule mehr. Man empfand auf katholischer Seite dieses Gesetz als „aufgezwungen". Selbst Papst Pius XII. wandte sich in einem Schreiben an die Bischöfe gegen die Schulpolitik einiger Länder: Mit Hinweis auf das noch immer geltende Konkordat drückte er am 11. Oktober 1954 seinen „Schmerz“ über die Missachtung dieses Rechtes (Art. 23 RK) aus. Die weitere Entwicklung erlebte Berning nicht mehr. Er starb am 23. November 1955 in Osnabrück.

b) Einsatz für eine Katholische Pädagogische Hochschule in Osnabrück

Mit der Auseinandersetzung um die Schule war ein ähnlicher scharfer Kampf um eine katholische Pädagogische Hochschule in Osnabrück verbunden. Nach Auffassung des Bischofs von Osnabrück wie auch der Bischöfe von Münster und Hildesheim, von denen Bistumsanteile auch auf dem Gebiet Niedersachsens lagen, ging es darum, für Lehrer an katholischen Bekenntnisschulen eine katholische Lehrerbildung zu sichern. Nur so glaubten sie, die katholische Bekenntnisschule erhalten zu können. Auf der einen Seite standen die Bischöfe, die aus einem ganzheitlichen Erziehungskonzept argumentierten, auf der anderen Seite die niedersächsische Regierung in ihren verschiedenen parteipolitischen Schattierungen, die die Bekenntnisschule und eine entsprechende Hochschulkonzeption mit unterschiedlichem Engagement ablehnten. Es hatte schon vor 1933 in Osnabrück eine katholische Lehrerbildungsstätte gegeben. Daran knüpfte Berning 1945 mit seiner Forderung nach Einrichtung einer katholischen Pädagogischen Hochschule in Osnabrück an. Zunächst empfahl er das Schloss in Iburg als Sitz einer solchen Pädagogischen Hochschule, da in Osnabrück Raummangel bestand. Tatsächlich wurde dann nur ein kurzer dreijähriger Lehrerkurs eingerichtet, der wegen geringer Nachfrage von katholischen Studierenden auch noch paritätisch mit evangelischen Lehramtsstudenten aufgefüllt werden musste. Im März 1947 begann der Lehrbetrieb. Diese Konzeption fand Bernings Zustimmung allerdings nicht, da es sich nicht um den Kern einer katholischen Pädagogischen Hochschule handelte, wie er angeregt hatte. Daher forderte er weiterhin von der Landesregierung, eine solche Hochschule in Osnabrück einzurichten. Unterstützt wurde Berning von Abgeordneten, Katholiken und dem Katholischen Lehrerverein.

In den folgenden Jahren ging es im Streit mit der Landesregierung immer wieder um das Dreigestirn Vechta – Osnabrück – Celle/Alfeld. Vechta war eine durch die Verfassung des Landes Oldenburg gesicherte katholische Pädagogische Hochschule, die im Übergang nach Niedersachsen mit gleichem Rang de jure abgesichert war. Die Katholiken Osnabrücks hatten einen Bedarf an katholischen Lehrern, der aber nicht in Osnabrück, sondern nur durch den Besuch von Hochschulen außerhalb des Regierungsbezirkes gesichert werden konnte. Alfeld war de facto, aber nicht de jure eine katholische Hochschule. Die Lage war damit auf Seiten der katholischen Kirche klar: Mit der Hochschule Vechta hatte man eine Hochschule, die verfassungsmäßig gesichert war. Auf diesen Trumpf wollte man unter gar keinen Umständen auch bei einer Verlegung von Vechta nach Osnabrück verzichten. Schon sehr früh war den Ordinariaten von Osnabrück, Münster und Hildesheim dieser Tatbestand bewusst. Demgegenüber war die Position der Landesregierung in der Frage zunächst noch unentschieden. Man argumentierte noch pragmatisch etwa vom Raumbedarf her. Bis zum Beginn der fünfziger Jahre war man noch nicht grundsätzlich gegen eine katholische Pädagogische Hochschule eingestellt. Zuweilen argumentierte man dabei auch aus heutiger Sicht befremdlich. So äußerte der niedersächsische Kultusminister Adolf Grimme in einem Schreiben vom 23. Juli 1948 an Berning: „Die Überfremdung unserer Schulen durch Flüchtlingslehrer zu begegnen und dem Lehrerberuf in der Heimat verwurzelte Menschen zuzuführen, ist meine stete Sorge.“ Deshalb sollte die Hochschule Vechta bei Neuaufnahmen auch den Regierungsbezirk Osnabrück gebührend berücksichtigen. In Osnabrück erübrige sich dann eine zusätzliche Hochschule. Er verwies auf die fehlenden Räumlichkeiten und die fehlenden Finanzmittel. Im Antwortschreiben vom 9. August 1948 forderten die Katholiken Osnabrücks eine katholische Pädagogische Hochschule. Sie knüpften in der Argumentation an den vom Kultusminister vorgetragenen „Überfremdungsgedanken“ an, kehrten ihn aber gegen die Zielrichtung des Schreibens von Minister Adolf Grimme: „Wenn nach Ihrem Schreiben vom 23.

Juli 1948 an den Herrn Bischof von Osnabrück ‚die Überfremdung der Schulen durch Flüchtlingslehrer […] ihre stete Sorge ist', so muss u. E. doch auch den Flüchtlingslehrern aus sozialen und Gerechtigkeitsgründen die Möglichkeit ihrer Berufsausbildung gegeben werden." Aber an solchen heimatverwurzelten Lehrern fehle es in Osnabrück, weshalb eine katholische Pädagogische Hochschule vonnöten sei. Im Jahre 1950 reifte im Kultusministerium der Gedanke, das Schloss in Osnabrück für die Errichtung einer pädagogischen Hochschule instand zu setzen. Auf diese Weise könne man die Hochschule in Celle nach Osnabrück verlegen. Es würde dann allerdings eine Simultanhochschule sein.

Inzwischen entwickelte sich unter den drei beteiligten Bischöfen der Gedanke, Vechta nach Osnabrück zu verlegen. Es ging ihnen dabei auch um die Sicherung einer katholischen Hochschule, da sie den Eindruck hatten, dass das Land der Hochschule Vechta am bestehenden Standort allmählich „austrocknen" gedachte. Um die verfahrene Situation zu entschärfen, suchte Ministerpräsident Kopf Bischof Berning am 10. Oktober 1953 auf. In dem Gespräch wurde klar, dass, wenn Vechta weiterhin bestehen bliebe, Osnabrück keine katholische Pädagogische Hochschule erhalten werde. Selbstverständlich käme eine Verlegung von Vechta nur unter der Bedingung einer verfassungsmäßigen Absicherung zustande, so Berning in dem Gespräch mit Kopf. Auf diese Forderung des Bischofs hin gab Kopf die schillernde Antwort, dass bei einer Verlegung von Vechta als konfessionelle Anstalt nach Osnabrück ein solcher Status auch in Osnabrück gelte. Dies teilte Berning dem Bischof von Münster eine Woche später mit: „Ich weiß keinen anderen Weg. Wenn Vechta bestehen bleibt, bekomme ich in Osnabrück keine katholische Akademie." Bernings Vorschlag war daher: eine Verlegung von Vechta nach Osnabrück und deren verfassungsmäßige Absicherung als katholische Akademie in Osnabrück. Der Bischof von Münster, Michael Keller, formulierte sodann ein entsprechendes Schreiben, das Berning am 20. Oktober 1953 an den Ministerpräsidenten schickte. Darin stellten die Bischöfe von Osnabrück, Münster und Hildesheim

Abb. 25: Bischöfe Keller, Berning und Weihbischof von Rudloff

gemeinsam fest, dass eine Verlegung der Hochschule Vechta nach Osnabrück nur dann geschehen könne, wenn das Land vorher in verbindlicher Form eine gleiche verfassungsmäßige Absicherung der Hochschule in Osnabrück als katholische Pädagogische Hochschule wie in Vechta vornehme. Sollte das Land dem nicht folgen können, dann sei Vechta aufrechtzuerhalten und auszubauen – ebenso Alfeld. Entgegen bisherigen Annahmen antwortete der Ministerpräsident dem Osnabrücker Bischof. In dem Schreiben vom 5. November 1953 umging er die entscheidende Frage nach der verfassungsmäßigen Absicherung der neuen Hochschule in Osnabrück und forcierte die bischöflichen Vorschläge zur baulichen Sicherung von Vechta und Alfeld. Drei Anstalten – Vechta, Osnabrück und

Alfeld – könnten vom Lande nicht finanziert werden. Damit war klar, dass in Osnabrück durch die Verlagerung der Hochschule von Celle eine Simultanhochschule entstehen sollte. Offensichtlich konnte Kopf die geforderte Absicherung nicht geben, da die Mehrheitsfraktionen im Landtag dazu nicht bereit waren. Da dem Verlangen der Bischöfe nicht entsprochen wurde, teilte Berning am 9. November 1953 Bischof Keller mit, dass er dafür eintrete, seine Lehramtskandidaten nach Vechta zu schicken, damit sie dort eine konfessionelle Lehrerbildung erhalten könnten. Darüber hinaus entschied er, für die Simultanhochschule in Osnabrück keinen katholischen Religionsdozenten zu benennen. Die Adolf-Reichwein-Hochschule, wie sie sich fortan nannte, wurde am 2. November 1953 zum WS 1953/54 gegründet und sollte am 16. desselben Monats feierlich eröffnet werden. Wegen der misslichen Umstände fiel die feierliche Eröffnung dann aber aus, da der Ministerpräsident nicht erschien. Alle späteren entsprechenden Anfragen der Hochschule – auch für eine nebenamtliche Tätigkeit als Religionsdozent – beschied der Bischof abschlägig. Diese Position nahm er auch auf der Bischofskonferenz von 1954 ein: „Grundsätzlich müssen wir verlangen, dass für die Bekenntnisschule auch konfessionelle Pädagogische Akademien gegründet werden. Die Studenten auf den simultanen Akademien sollten grundsätzlich nicht die missio canonica erhalten. Da die Ausbildung der Studenten im Ganzen nicht im katholischen Geist geschieht und dadurch Lehrer heranbildet, die den Anforderungen der konfessionellen Schulen nicht entsprechen."

Die Verhandlungen waren von Seiten der Kirche gegenüber den staatlichen Vertretern von einer kompromisslosen Härte geprägt. Mehrere Gründe sind dafür verantwortlich. Einerseits sahen die Bischöfe, dass den Katholiken die Bekenntnisschule als Regelschule nicht zurückgegeben wurde, obwohl sie ihr widerrechtlich von den Nationalsozialisten genommen worden war. Wiedergutmachung, die allenthalben nach dem Krieg beschworen wurde, galt für die Kirche in einem so entscheidenden Punkt wie der Bekenntnisschule nicht, so meinten sie. Andererseits scheiterte sie an den Interessen der Besatzungsmacht und den regierenden Mehrheitsfraktionen. Das war für die Bischöfe schlicht unfassbar. Um einen Minimal-Zustand wenigstens in der katholischen Lehrerausbildung zu erhalten, mussten sie auf einem verfassungsmäßigen Rechtsstand bestehen, so glaubten sie. Begründet war ihre Unerbittlichkeit aber auch durch die Erfahrungen mit den Nationalsozialisten. Insbesondere galt dies für Berning. Im Jahre 1933 hatte er Hitlers Zusagen vertraut und wurde maßlos durch allerlei übles Vorgehen und üble Täuschung hinters Licht geführt. Das sollte sich nicht wiederholen.

3. Integration der Flüchtlinge nach dem Krieg

Ein Problem von großer Bedeutung nach dem Krieg war die Integration der Vertriebenen aus den besetzten Ostgebieten des deutschen Reiches. Die Menschen flohen vor der anstürmenden Front oder wurden direkt vertrieben. Es galt, sie im Westen aufzunehmen und zu integrieren. Naheliegend ist, dass die Kirchen dabei wegen ihrer zur Verfügung stehenden Infrastruktur und den zur entsprechenden Mitarbeit befähigten Gemeindemitglieder als einzelne oder in den Vereinen, so beispielsweise der Caritasverband, eine besondere Rolle spielten. Noch weit bevor die großen Vertriebenenströme in den Westen und in das Gebiet des Bistums Osnabrück Mitte des Jahres 1946 kamen, ermahnte Bischof Berning die Gläubigen zur Hilfsbereitschaft. Für den 28. Oktober wurden Züge mit Flüchtlingen für den Raum Osnabrück und Aurich angekündigt. Daher verfasste er für den 20. Oktober 1945 ein Hirtenwort, in dem er auf die konkrete Situation einging und die Bitte um Hilfe vortrug. Danach sollten im Regierungsbezirk Osnabrück und Aurich 30000 teilweise elternlose Kinder eine neue Heimat finden. Berning erklärte den Geistlichen in einer beiliegenden Information die beabsichtigte Übergabeprozedur und Verteilung auf die Pflegefamilien. Er wies sie an: „Am Sonntag von der Kanzel und in den Gottesdiensten am Werktag auf die Gläubigen dringend einzuwirken, dass sie bereitwillig die Kinder in ihre Familien aufnehmen." In dem beigefügten Hirtenwort heißt es dann: „Hunger tut weh, besonders wenn noch Kälte aus Mangel an Brennmaterial dazu kommt. Darum helft mit, die Not der Hungernden zu lindern. […] Gebt den Flüchtlingen das Gefühl, dass sie bei Euch eine Heimat finden. […] Es ist so niederdrückend, seine Füße unter fremde Tische stellen zu müssen." Für den 1. Sonntag im November formulierte er einen umfassenden Hirtenbrief, der sich mit der Vertriebenenfrage und der Bereitschaft der Gläubigen zur Unterstützung der Vertriebenen befasste. Darin heißt es: „Eine der furchtbarsten Folgen des verlorenen Krieges ist die Aussiedlung der deutschen Menschen aus dem Osten. Das Elend dieser Flüchtlinge, die Heimat und Habe verloren haben, ist entsetzlich groß und greift uns allen ans Herz. Die Familien sind vielfach auseinandergerissen. Eltern sind von ihren Kindern, Kinder von ihren Eltern getrennt und wissen gegenseitig nichts von ihrem jetzigen Aufenthalt. Sie ziehen nun seit geraumer Zeit in langen Trecks über die Landstraße, körperlich erschöpft und seelisch zerrüttet, ganz erfüllt von der Sorge um ihre versprengten Angehörigen und niedergedrückt durch die Ungewissheit ihrer Zukunft. Sie sind schon froh, wenn sie irgendwo eine Unterkunft finden." Weiter heißt es dann: „Die tätige Liebe soll nach dem Willen Christi der Maßstab sein, ob unser Glaube echt ist oder nur Selbsttäuschung. Nicht der Kirchenbesuch, nicht der Sakramentenempfang, nicht das Gebet, so notwendig und wichtig das alles auch ist, ist das erste der von Christus aufgestellten Kennzeichen seiner Jüngerschaft, sondern die Nächstenliebe. Wenn wir in der Liebe versagen, versagen wir in der wahren Nachfolge Christi. Nehmt Euch darum der Flüchtlinge so an, als wenn Christus selbst zu Euch käme." Es war eine Grundeinsicht des Bischofs, denn schon in der Krise des Jahres 1917 äußerte er sich ähnlich. Eine Einschränkung, etwa ausschließlich katholische Vertriebene zu bedenken, war nicht angedacht. Es sollte allen, gleich welcher Konfession oder welcher Überzeugung, geholfen werden. Es ist keine Frage, Berning unterstützte tatkräftig die Linderung der Not dieser Menschen entsprechend seinem Wahlspruch „Caritas Christi urget" und förderte deren Eingliederung.

Diese Ermahnungen Bernings waren angebracht, da die Hilfsbereitschaft entgegen aller kirchlichen und religiösen Verpflichtung nicht so ausgeprägt war wie notwendig. So beklagte der Landrat des Kreises Aurich die mangelnde Unterbringung und schlechte Behandlung der Vertriebenen. Häufig war das nicht böser Wille, sondern die räumlichen Verhältnisse ließen tatsächlich zu wünschen übrig, wie es etwa auch aus Oesede und Kloster Oesede berichtet wird. Die mangelnde Hilfsbereitschaft der ansässigen Bevölkerung führe, so der Landrat von Osnabrück, bei den Vertriebenen zu starker Erbitterung. Die Caritas veranlasste Sammlungen von Kleidung und Wäsche für Säuglinge und Kleinkinder in den Flüchtlingslagern. Der Bischof ließ Kollekten durchführen. Mit dem gesammelten Geld wurden die Neuankömmlinge unterstützt. Zahlreiche Geldanweisung – auch höhere Summen – an die Pfarrer der Gemeinden sind in den Akten vermerkt. Auch Laienhelfer wurden finanziert, so z. B. ein Rechtsanwalt, der den Flüchtlingen dann kostenlose Beratung bot. „Da können sie alle", so Pfarrer Schmitz aus Heide, „ihre irdischen Sorgen vorbringen: Klagen betr. Unterkunft, ungerechte Zurücksetzung, Rentenzahlungen, Sparguthaben im russischen Gebiet, Arbeitsvermittlung, Vertretung bei den Behörden." Eine intensive Zusammenarbeit der Caritasverbände der Diözesen Osnabrück, Münster, Hildesheim und Paderborn diente der Unterbringung dieser Menschen und ihrer Verpflegung. Sie regten etwa bei einer Konservenfabrik große Volksspeisungen an mit Kochstellen für 5000 Personen. Berning gründete in Hamburg die Organisation „Katholische Heimatlosen-Fürsorge", die er mit Personal – Juristen, Fürsorgerinnen und Priester – ausstattete. Mitte 1946 lebten im Gebiet des Bistums Osnabrück 2,5 Millionen Vertriebene, besonders in der Diaspora Mecklenburg, Schleswig-Holstein, Ostfriesland und Grafschaft Hoya. Die Militärregierung und die deutschen Behörden hatten aus praktischen Erwägungen heraus eine von den Kirchen und den Vertriebenen gewünschte konfessionelle Zuordnung abgelehnt. Wie der Bischof von Hildesheim, Godehard Machens, beklagte auch Berning diesen Umstand.

Die religiös-konfessionelle Situation der katholischen Vertriebenen im Regierungsbezirk Osnabrück war im Vergleich zu anderen Gebieten des Bistums Osnabrück wegen der Konfessionsverteilung in diesem Raum noch erträglich. Zwar konnten die katholischen Flüchtlinge im Raum Osnabrück eine seelsorglich-religiöse Betreuung erhalten, dennoch gab es Vorbehalte in den Gemeinden selbst. Dies vermochte auch das Hedwigswerk, das für die Betreuung der katholischen Vertriebenen eingerichtet worden war, nur ansatzweise zu mildern. Es kam zum Streit über die Mitgliedschaft. Er wurde bis zum Bischof getragen. Berning war entgegen der bisherigen Überlegungen, nur Flüchtlinge als Mitglieder aufzunehmen, der Meinung, auch hier ansässige „Gutwillige" einzuschreiben. Bei der Gründung des Hedwigswerkes forderte der Bischof Weihnachten 1947 daher, „dass die Ostvertriebenen zu sehr organisatorisch gebunden werden und dadurch von der Einfügung in die Gemeinden zurückgehalten werden. Es wird notwendig sein, dass das Hedwigswerk nicht nur die Ostvertriebenen sammelt, um das Heimatgefühl in ihnen zu stärken, sondern dass zugleich durch das Werk eine Brücke zu der einheimischen Bevölkerung geschlagen wird. Darum scheint es mir ratsam zu sein, nicht nur die Ostvertriebenen als Mitglieder aufzunehmen, während die Einheimischen nur Förderer werden können, sondern alle Gutwilligen als gleichberechtigte Mitglieder zu behandeln."

Die kirchlich-religiöse Lage der Vertriebenen in Aurich dagegen unterschied sich von Osnabrück grundlegend. Ostfriesland war weitgehend evangelisch. Die dort zugewiesenen katholischen Vertriebenen waren daher in ihrem religiösen Leben häufig vereinzelt, wenn es nicht Flüchtlingspfarrer aus der Grafschaft Glatz, die ebenso mit den Trecks in den Westen gekommen waren, dafür sorgten, dass sich zahlenmäßig kleinere Einheiten von Katholiken an bestimmten Orten bildeten. Dies war etwa auf Borkum der Fall. Aufgrund der Situation verließen aber auch viele Ostfriesland wieder. Die Geistlichen führten unter den Katholiken Unterschriftenaktionen durch mit dem Ziel, in die frühere Heimat zurückkehren zu können. Das war ein vergebliches Bemühen. Eine solche Resolution schickte man an Bischof Berning. Trostlosigkeit machte sich unter den katholischen Vertriebenen bereit. Auch das Vereinsleben wie etwa das im Hedwigswerk war im Bezirk Aurich nicht ausgeprägt, da die Verhältnisse sehr weitläufig waren und viele trotz kleiner Zentren vereinzelt lebten. Auf die „seelischen" Schwierigkeiten solcher Flüchtlinge wies Bischof Machens am 26. September 1946 den Oberpräsidenten der Provinz Hannover hin. Grundlegende Verbesserungen der Lage konnte auch er für Flüchtlinge nicht schaffen. So kam es dann häufig zu Abwanderungen aus den zugewiesenen Orten. Katholiken zogen zu Katholiken, Protestanten zu Protestanten. Es war in konfessioneller Hinsicht eine „Entmischung". Aber auch für Protestanten war der Übergang nicht problemlos, da unter ihnen eben viele Gläubige lutherischen Bekenntnisses waren. Die Ostfriesen gehörten aber in großer Zahl dem reformierten Bekenntnis an. Mehrere Vertriebenenpriester teilten das Schicksal ihrer Landsleute. So musste Berning auf Firmreisen feststellen, dass die Priester in Ostfriesland kein eigenes Zimmer erhalten konnten, weshalb sie sich eines mit der Mutter oder der Schwester teilen mussten. Es wurde dann als Wohnzimmer, Schlafzimmer und Küche genutzt. Für die Abhaltung des Gottesdienstes standen nur Baracken oder auch zuweilen evangelische Kirchen zur Verfügung. Berning konnte sich selbst ein Bild von diesen Zuständen machen. In seinen Berichten – so etwa am 20. September 1947 – setzte er die Militärregierung davon in Kenntnis. Es nimmt nicht wunder, dass unter solchen Bedingungen auch manche Flüchtlingsgeistliche es vorzogen, nach Süddeutschland weiterzuziehen.

Diese schwierigen sozialen Zustände in den Flüchtlingsgebieten Westdeutschlands standen den Bischöfen vor Augen, als sie in einem Gemeinsamen Hirtenbrief vom 27. März 1946 die Vertreibung der Deutschen aus den Ostgebieten grundsätzlich verurteilten: „Vor einigen Wochen schon sahen wir uns veranlasst, Stellung zu nehmen zu den himmelschreienden Vorgängen im Osten Deutschlands, vor allem in Schlesien und im Sudetenland, wo mehr als 10 Millionen Deutsche aus der angestammten Heimat in brutaler Weise vertrieben werden, ohne dass untersucht wird, ob eine persönliche Schuld vorliegt oder nicht. Keine Feder kann das namenlose Elend schildern, das dort unter Missachtung jeglicher Menschlichkeit und Gerechtigkeit sich vollzieht. All diese Menschen werden ohne jede Habe, ohne jede Möglichkeit einer Existenzgründung im Restdeutschland zusammengepfercht. Es ist nicht abzusehen, wie diese aus der Heimat vertriebenen Massen nicht zu friedlosen und friedensstörenden Elementen werden sollen."

Zu derartigen Exzessen kam es dann doch nicht dank der Eingliederungsbereitschaft der Bevölkerung, die trotz aller Beschwernis die Zeichen der Zeit erkannte. Wie die berningschen Predigten zeigen, trugen gerade auch die Kirchen zu dieser Integration nicht wenig bei. Sie förderten immer wieder die Bereitschaft zu tätiger Nächstenliebe. Das Hedwigswerk nahm dabei für die Katholiken eine besondere Rolle ein. Nach Bernings Worten sollte es die religiöse Betreuung der Ostvertriebenen unter Beachtung der kulturellen Werte der Heimat vornehmen, um auf diese Art und Weise der Verwahrlosung und Radikalisierung unter den Heimatlosen zu begegnen mit dem Ziel der Neubeheimatung. Damit förderte das St.-Hedwigswerk auch die landsmannschaftlichen Bindungen und landsmannschaftliche Organisationen. Ohne die wirtschaftliche Entwicklung im Nachkriegsdeutschland wäre alles allerdings um Vieles schwieriger gewesen. Eine Binnenwanderung der Vertriebenen vom Land in die Stadt war die Folge. Es war eine Wanderung auf eigene Faust. Die Landwirtschaft konnte auf dem Lande keine weiteren Arbeitsplätze zur Verfügung stellen, in den Städten boten Handwerk und Industrie ob des inzwischen einsetzenden wirtschaftlichen Wachstums zahlreiche Arbeitsplätze. Die Lage bot aber auch die Chance zur Selbstständigkeit mit Produkten aus der Heimat. Es ergab sich die Notwendigkeit der Gründung weiterer Pfarreien. Durch den Vertriebenenzuzug entstanden 160 neue Gemeinden im Bistum Osnabrück. Das half erheblich zum Heimischwerden in der neuen Heimat. Berning setzte sich also mit viel Engagement für die Vertriebenen und deren Integration in die westdeutsche Gesellschaft ein. Es war ihm ein Anliegen, Vertriebene mit den einheimischen Gläubigen in der jeweiligen Gemeinde zusammenzuführen, Trennungen zu überwinden.

4. Einsetzender Streit um das Wirken Bernings

Immer wieder liest man, Bischof Berning sei „umstritten". Bis in unsere Tage geht das so: Man könnte fragen, wer ist nicht umstritten. Menschen, die in der Öffentlichkeit aktiv sind oder waren, sind umstritten. Mithin besagt dieses Wort „umstritten" eigentlich nichts. „Umstritten" ist jemand aus einer bestimmten Perspektive heraus. Galen, der doch wirklich viel Zustimmung für seine Tätigkeit im Dritten Reich erhält, war im Laufe der Zeit auch „umstritten". Man kritisierte ihn wegen seines vermeintlichen oder tatsächlichen Nationalismus, seines vermeintlichen oder tatsächlichen antidemokratischen Denkens und seiner vermeintlichen oder tatsächlichen Ferne zur Weimarer Republik. „Umstritten" ist ein Begriff, der die wertende unterschiedliche Reaktion von Menschen auf eben das Handeln dieser öffentlichen Persönlichkeit oder ein Ereignis meint. Nach den Zeitumständen kann sich dies auch ändern. Wegen seines Einsatzes für die Kirche, die Menschen und die Menschenrechte in der NS-Zeit hätte der Bischof nicht „umstritten" sein müssen. Häufig ist die Kritik mit einer vorurteilsgeladenen Einstellung verbunden, wie sich noch in jüngster Zeit gezeigt hat. Der Begriff „umstritten" enthebt den Betrachter der Argumentation. Man macht sich nicht die Mühe, die Aussagen an den Quellen zu überprüfen.

Bernings Hinwendung zum neuen Staat ließ ihn zu Beginn der NS-Herrschaft selbst unter den Katholiken umstritten sein. Im Auftrag Bertrams und des Episkopates übernahm er das Amt des Staatsrates. Darin aber lag für die Katholiken insbesondere aus dem Emsland, seiner Heimat, der Stein des Anstoßes. Er war unter den Katholiken seiner Heimat umstritten. Wie konnte der Bischof, der die Bevölkerung gegen die Nationalsozialisten zu kämpfen aufgefordert hatte, sich 1933 in der Weise positiv zum Staat stellen. Sein Verhalten stand im eklatanten Widerspruch zu seinen bisherigen Predigten, Briefen und Erklärungen. Es war eine Verletzung der Gläubigen, die von Bernings Handeln und Reden ausging. Er irritierte die Milieuangehörigen, die auf ihn bislang stolz gewesen waren.

Er war doch einer von ihnen. Dabei legte der Bischof die Hintergründe nach dem Krieg auch nicht offen. Dies widersprach dem damaligen Selbstverständnis eines Bischofs. Er verstand sich mehr als Lenker der Kirche vor Ort, denn als Teil des Kirchenvolkes, das auf dem Wege war. Diese Sicht trug erst das II. Vatikanum vor. Verstärkt wurde das Unverständnis über Berning durch die Presseveröffentlichungen über den Emslandlagerbesuch im Jahre 1936, der durch die Ems-Zeitung in jedes Haus des Emslandes kam. Dabei spielte der Wahrheitsgehalt des Berichtes keine Rolle. Im Jahr 1937, ein Jahr nach dem Emslandlagerbesuch, firmte Berning in Papenburg und wurde dort mit großen Huldigungen der Gläubigen empfangen. Seine regimekritischen Äußerungen bei dieser Gelegenheit brachte die Ems-Zeitung nicht. Daraus wird ersichtlich, dass die NS-Presse der damaligen Zeit an dem „umstrittenen" Bild des Bischofs in seiner Heimat kräftig mitzeichnete.

Der Emslandlagerbesuch führte aber etwa auch bei den Auslandskatholiken zu erheblichen Irritationen. Sie griffen ihn immer wieder wegen seines Staatsratsamtes an. Gegen deren Attacken ließ Berning sich 1935 den Dank und das Vertrauen des Episkopates aussprechen. Selbst den Papst bat er 1938 gegen die Herabsetzungen um Unterstützung. Am 20. Februar 1939 schrieb er an den Regierungspräsidenten von Osnabrück, der ihm eine Ausgabe des „Deutschen Weges", die Zeitung der ins Ausland emigrierten deutschen Katholiken, zur Kenntnis gab: „Mit Ihnen verurteile ich Form und Inhalt dieses Hetzblattes. Ich habe mich schon über die Gesamthaltung dieses Blattes in Holland beschwert, ohne etwas dadurch erreicht zu haben. Das Blatt wird übrigens, wie ich weiß, auch von vielen führenden katholischen Kreisen Hollands abgelehnt." Die Exilkatholiken forderten in aller Konsequenz die Aufhebung aller Reste von Zusammenarbeit mit einem Regime, das die Naturrechte nicht achtete und die Kirche verfolgte, während der Episkopat aus dem Gebot pastoraler Notwendigkeiten heraus sie gerade nicht aufkündigen zu können glaubte. Es war aus dieser Sicht nur folgerichtig, wenn Berning als Preußischer Staatsrat im Zentrum der exilkatholischen Kritik stand und wenn der Bischof in so heftiger Weise darauf reagierte. Er war für sie Exponent des so verschmähten Kurses.

Nach dem Krieg bis in die achtziger Jahre war das Wirken Bernings im vorherrschenden Bewusstsein seiner Gläubigen – besonders in Osnabrück und auch in der überregionalen Presse – allerdings keineswegs umstritten. Zwar kamen beispielsweise im Jahre 1946 im Kreis Lingen Gerüchte auf, Berning sei Parteigenosse gewesen. Er sei ja auch „bis zum Zusammenbruch im Staatsrat gewesen", aber ein Dementi reichte, um sie im Keim zu ersticken. Sie hatten keine Breitenwirkung. Demgegenüber wiesen Zeitgenossen, die Bernings Amtsführung in der NS-Zeit erlebt hatten, auf die NS-ablehnende Haltung des Osnabrücker Oberhirten hin. So erinnerte zum Tod des Bischofs die damalige Tagespresse an die Silvesterpredigten des Bischofs. Die „Deutsche Tagespost" schrieb: „Sein ‚Non possumus´ aus damaliger Zeit ist noch bekannt, und in vieler Ohren sind noch die Worte aus seinen berühmten Silvesterpredigten. Er brandmarkte Unrecht und Gewalttätigkeit und stellte sich schützend vor alle, die ihn in Lebensgefahr, heraufbeschworen durch die nationalsozialistischen Herrscher, um Schutz anflehten." Das „Osnabrücker Tageblatt" wies in diesem Zusammenhang nicht nur auf die Silvesterpredigten, sondern auch auf die Predigten in Rulle, Wietmarschen und Clemenswerth hin. In dem Amt des Preußischen Staatsrates sah man ein Mittel, das dem Bischof den jederzeitigen Zugang zu den Ministerien in Berlin sicherte, um Menschen in Not zu helfen. In keinem der Nachrufe - Berning starb am 23. November 1955 - werden an der klaren Haltung des Bischofs auf der Seite des Episkopates und der Kirche während der NS-Zeit Zweifel auch nur angedeutet, geschweige denn erhoben. Dem entspricht, was Kardinal Frings in seiner Ansprache im Pontifikalrequiem am 29. November 1955 sagte: „Diesen Titel hat er nur, aber auch nur genutzt, um in Berlin immer und immer wieder vorzusprechen, gegen Übergriffe Protest zu erheben, für Verurteilte sich einzusetzen und für die Rechte der menschlichen Persönlichkeit und der Kirche zu kämpfen."

Die Beurteilung des Bischofs ab den achtziger Jahren durch Teile der regionalen Öffentlichkeit innerhalb und außerhalb des Bistums Osnabrück ist demgegenüber äußerst kritisch und von einer gewissen „Statik“ geprägt. Dies legen die Leserbriefdiskussionen in der NOZ aus den Jahren 1980 und 1995 nahe. Immer wieder gibt es Neuerscheinungen, die den Vorurteilscharakter der Autoren selbst offenlegen – bis in unsere Tage. Berning wird im Stile der Einschätzung aus den frühen achtziger Jahren präsentiert. Danach handelt es sich um einen Kirchenfürsten, dessen Nähe zum NS-Staat durch alle Jahre kontinuierlich bestand. Völlig unabhängig von der Frage, ob diese Urteile zutreffen, werden sich verändernde Positionen des Bischofs in der NS-Zeit überhaupt nicht zur Kenntnis genommen, obwohl diese aufgrund vorliegender Forschungen zugänglich waren. Somit entsteht ein Konstrukt, das mehr mit dem eigenen Geschichtsbild im Kopf als mit der Wirklichkeit zu tun hat. Individual- und Sozialpsychologie bieten mit Hinweis auf die Herausbildung alternativer Eigen- und Gruppenidentitäten Erklärungsansätze für diese Art der Geschichtsbetrachtung. So meinte Adolph, Berliner Domkapitular und späterer Generalvikar, gewiss ein Kritiker Bernings in der NS-Zeit, wenn er forderte, mehr über Bernings kirchenpolitische Tätigkeit zu wissen, „denn die Gegner machen es sich zu einfach, diese Bischofsgestalt pauschal abzuwerten.“ Aber auch in der Geschichtsforschung bis Ende der neunziger Jahre findet sich eine vornehmlich kritische Sicht des Bischofs wegen dessen so verstandener „Nähe“ zum NS-Staat oder auch dessen vermeintlich einseitiger Ausrichtung auf die Eingabepolitik Bertrams. Infolgedessen wurde eine fehlende oder doch nur geringe Auseinandersetzung des Bischofs mit dem NS-Staat angenommen. In die Würdigung Bernings floss die Tätigkeit des Bischofs als Seelsorger nicht ein. Es fehlt jeglicher Rückgriff auf seine pastorale Arbeit, wie sie sich etwa in den Predigten zeigt. Kontrastierende Äußerungen aus diesem Arbeitsfeld wurden von der Forschung nicht zur Kenntnis genommen und konnten daher das Bild nicht abrunden bzw. korrigieren. Notwendigerweise verzerrt eine derartige Eingrenzung die Rezeption Bernings durch den Forscher.

Dennoch kann man nicht umhin festzustellen, dass Berning selbst auch Gründe für Missverständnisse und falsche Einschätzungen lieferte. Dies gilt weniger im Hinblick auf die Forschung als vielmehr für dessen Einschätzung durch Teile des katholischen Volkes bzw. für seine regionalgeschichtlich interessierten Kritiker. Wie alle Bischöfe hatte Berning zu Beginn der dreißiger Jahre gegen den Nationalsozialismus Stellung bezogen. Vor Ort bekämpfte der Klerus nach Maßgabe des Bischofs die NSDAP. Die Hinwendung des Episkopates zur neuen Regierung und deren Entscheidung vom 28. März 1933, dass Katholiken nunmehr in der NSDAP mitarbeiten könnten, verwirrte das Kirchenvolk und auch den Klerus. Man verstand in weiten Teilen den plötzlichen „Schwenk" der Bischöfe nicht. Dies war kein Berning-spezifisches Phänomen, sondern eines der Bischöfe insgesamt. Berning-spezifisch war, dass der Bischof zudem noch Preußischer Staatsrat wurde. Äußerungen des Bischofs im ersten Jahr der NS-Herrschaft stärkten diesen Eindruck. Dadurch dass der Bischof in seinen öffentlichen Äußerungen nach 1945 zu seinem Verhalten in der NS-Zeit schwieg, festigte er in der Volksmeinung den Eindruck einer vermeintlichen Nähe zum Regime. Spektakuläre Aktionen wie der Besuch im Emslandlager waren wie auch schon 1936 geeignet, diese Einschätzung zu stärken. Nicht alle Gläubigen seines Bistums und etwa auch nicht alle Mitglieder der evangelischen Kirche konnten sich schon aus räumlichen Gründen von der kritischen Haltung des Bischofs in der Öffentlichkeit ein eigenes Bild machen. Zudem stand Bernings Predigttätigkeit im Schatten der öffentlichen Äußerungen Galens, die aufgrund ihrer Heftigkeit im konkreten Fall dem Empfinden der Gläubigen stärker entgegenkamen. Berning lehnte demgegenüber Angriffe auf Personen ab und argumentierte nicht weniger engagiert im Grundsätzlichen. Außerdem hatte er im Gegensatz zu Galen Zugang zu den Ministerien. Dadurch konnte er manches regeln, was Galen nicht möglich war. Der NSDAP nahestehende katholischen Kreise hatten den „Wandel" Bernings durchaus wahrgenommen.

Die zahlreichen Ehrungen Bernings anlässlich des Goldenen Priesterjubiläums am 10. März 1950, seines 75. Geburtstages am 26. März 1952 sowie zum 40jährigen Bischofsjubiläum im Jahre 1954 blendeten die Tätigkeit Bernings in der NS-Zeit im Wesentlichen aus. Die Stadt Osnabrück begründete in ihrem Ratsbeschluss, der von den Fraktionen einstimmig angenommen wurde, die Verleihung des Ehrenbürgerrechtes damit, dass er „38 Jahre Bürger der Stadt Osnabrück" gewesen sei und „als kirchliches Oberhaupt der Diözese Osnabrück eine segensreiche Tätigkeit entfaltet" habe. Stärker als es in dem Ratsbeschluss geschieht, lässt ein Brief des Osnabrücker Oberstadtdirektors vom 29. September 1954 an Berning die Motive der Stadt zur Ehrung Bernings deutlich werden. In dem Schreiben heißt es: „Mit großer Befriedigung können Sie auf Ihr Wirken in Ihrer weiten Diözese während der vergangenen vier Jahrzehnte zurückblicken. Die Stürme zweier Kriege und die Leiden der Nachkriegszeiten haben Sie in Ihrem hohen Amte vor besonders schwere Aufgaben gestellt, die Sie dank Gottes Hilfe mit Energie und Tatkraft meistern konnten." Für die damaligen Vertreter der Stadt stand also Bernings fürsorgliches Wirken für die durch Bombenangriffe bedrohten Menschen im Kriege und für die Heimatvertriebenen im Vordergrund, seine Auseinandersetzung mit dem Nationalsozialismus trat dagegen zurück. Auch der Beschluss der Stadt Lingen vom 24. März 1952, dem Bischof die Ehrenbürgerschaft anzubieten, erwähnt das Wirken Bernings in der NS-Zeit nicht. Man stützte sich in der Begründung darauf, dass der Bischof ein Sohn der Stadt Lingen sei, seine Kinder- und Jugendzeit dort verbracht habe und sich „Verdienste auf dem sozialen, kulturellen und religiösen Gebiet um die Stadt Lingen und um die mehrere Länder umfassende Diözese" erworben habe. Der Rat der Stadt Meppen hatte schon zwei Jahre vorher Berning in einem einstimmigen Beschluss vom 16. März 1950 auf Antrag der katholischen Arbeiterbewegung Meppens die Ehrenbürgerschaft zugesprochen. Allerdings konnte diese wegen des damals noch bestehenden Besatzungsrechtes nicht vollzogen werden. Man begründete die Entscheidung zur Verleihung der Ehrenbürgerschaft mit der Tätigkeit des Bischofs in Meppen als „Religionslehrer des staatl(ichen) Gymnasiums, als Begründer des Arbeiter- und Bauvereins und als Vorsitzender des Kuratoriums des Krankenhauses Ludmillenstift". In allen Fällen griff man als Begründung nicht auf die Aktivitäten Bernings in der NS-Zeit zurück. Allenfalls sprachen Gratulanten vom „erfolgreiche(n) Wirken in ernsten und schweren Zeiten." Die Ausblendung der NS-Zeit hatte ihren Grund auch in der Tatsache, dass die inzwischen bekannt gewordenen Schrecken so übermächtig waren, dass man sich ihnen noch nicht aussetzen konnte oder wollte. Und der Bischof war Preußischer Staatsrat gewesen! Die Gesamtproblematik um die Einschätzung der Tätigkeit Bernings in der NS-Zeit fasste der Dozent für Kirchen- und Diözesangeschichte am Priesterseminar Osnabrück, Laurenz Niehus, im Jahre 1957 in einem Schreiben an die Schriftleitung des LThK zusammen, als er von ihr gebeten wurde, einen Artikel über den Bischof zu schreiben: „Berning ist ein Problem, das weiß ich wohl; zumal es nach 1945 versäumt wurde, den Katholiken, welche nach dem gemeinsamen Hirtenbrief aller deutschen Oberhirten vom 30. Mai 1933 dem 3. Reich Vertrauen schenkten, später aber dafür bitter haben büßen müssen, jene heiklen Hintergründe und Zusammenhänge aufzuzeigen. [...] Aber über aller Bitterkeit und der durch sie ausgelösten Ungerechtigkeit gegen den Prügelknaben Berning (der doch nur den Namen für die gesamte Konferenz von Fulda hergab) darf meines Erachtens nicht vergessen werden, was dieser so ungewöhnlich begabte Konferenz- und Tagungsleiter in seinen ‚Referaten' für das gesamte katholische Deutschland und darüber hinaus geleistet hat, [...]" Noch in den sechziger Jahren gab es Anfragen zur Haltung Bernings in der NS-Zeit. So heißt es etwa in einer Anfrage aus New York vom Jahre 1969: „Nun hat sich in meinem Gedächtnis ein Bild über Osnabrück gebildet, das im krassen Gegensatz zu einer Schilderung in einem Buche steht, worinnen der ehrwürdige Herr Erzbischof Berning als pro-Nazi gestempelt wurde, er sei preußischer Staatsrat gewesen und mit Hitler und Göring befreundet gewesen."

Immer wieder ist es die Funktion des Staatsrates, die für die Berning-kritische Nachwelt entgegen dem tatsächlichen Wirken Bernings der entscheidende Magnet war, durch den der Bischof im Bewusstsein seiner Kritiker an den NS-Staat gebunden wurde. Zu all dem kam dann noch seine Zurückhaltung gegenüber den Ereignissen in Heede nach 1937. All diese Erfahrungen verdichteten sich im Emsland zu dem Eindruck, als stünde Berning an der Seite der Nationalsozialisten und nicht der Kirche. Diese ihrerseits sahen das keineswegs so.

IV. Alle Zeitepochen Überdauerndes

Gedanken zum Lebensbild Wilhelm Bernings

„Caritas Christi urget“ – der Wahlspruch Bernings! Von dieser Liebe war er zeit seines Lebens durchdrungen. Schon Seegrün hat in seinem Lebensbild Bernings aus dem Jahre 1972 auf die Bedeutung dieses Leitspruches für das Leben und Handeln des Bischofs hingewiesen. Sie trieb ihn unermüdlich und in ihr verankerte er sich. Sie zeigte sich in den verschiedenen Dimensionen seines Mensch- und Bischofseins. Von einer robusten Arbeitskraft und unbändigem Arbeitswillen getragen, widmete er sich den vielen Aufgaben. Es waren überregionale im Auftrag der Bischofskonferenz, es waren regionale Verpflichtungen, die er sich als Bischof setzte. Er gab sich voll in die ihm überlassenen Aufgaben: beispielsweise Schulbischof, Bischof für die Auswanderer, Präsident des St. Raphaels-Vereins. Jede einzelne Aufgabe hätte ihn schon ganz in Anspruch nehmen können. Kontaktmann zur Reichsregierung, Verhandlungsführer des Episkopates, Verantwortlicher für das Pressereferat der Bischofskonferenz und die Zuständigkeit für den Film – bei all dem ohne Weihbischof, der ihn in seinen bischöflichen Aufgaben hätte entlasten können. Predigten, Wallfahrten, aber auch Konflikte mit Geistlichen und den Gläubigen wie etwa die Marienerscheinungen in seinem Bistum. Es war eine ungeheure Arbeitsbelastung, die ihn forderte. Alle diese Ämter machten seine Anwesenheit und Beiträge in der Fuldaer Bischofskonferenz notwendig. Dabei wurde er angefeindet von den auslandsdeutschen Katholiken, häufige Enttäuschungen über seine NS-Verhandlungspartner, die nicht gutwillig waren, erlebte er. Ein Rücktritt vom Amt des Staatsrates hätte all diese Bedrängnisse von ihm genommen. Doch das konnte er im Interesse der

Kirche nicht. Dennoch gab er nicht auf, sondern suchte immer wieder Möglichkeiten des Kompromisses – mühselig, tastend und ausdauernd, häufig ohne Erfolg. Zugunsten von Verfolgten spielte er schließlich eine staatliche Instanz gegen die andere aus, das Ministerium gegen die Gestapo und umgekehrt. Sein wacher Geist und seine schnelle Auffassungsgabe begünstigten die Bewältigung dieser Verpflichtungen. Kleinen Verhältnissen entstammend, bestimmte ihn dabei auch ein gewisses Maß an Geltungsbedürfnis: „Kaplan, gehen Sie an die Seite, das Volk will mich sehen." oder zu Göring: „Ein deutscher Bischof antichambriert nicht."

Es war aber nicht nur die Fülle der Arbeit, die auf ihn wartete. Ein realistischer Blick für Möglichkeiten und Notwendigkeiten in der jeweiligen historischen Situation half ihm dabei. Bei allem Erfahrungswissen geschickten Verhaltens verlor er zu keinem Zeitpunkt – auch 1933 nicht – die Grundsätze des Christentums und seine Verankerung in der Kirche aus den Augen. Für ihn war Christus das Fundament, auf das der Staat aufgebaut sein sollte. Dieser Grundlage ordnete er sein politisch-praktisches Handeln unter. Sein Pragmatismus darf mithin nicht mit Beliebigkeit verwechselt werden. Es war also kein Opportunismus, der ihn 1933 bestimmte. Für Berning spricht, dass er seine Vorgehensweise veränderten Notwendigkeiten begrenzt, aber dann nachhaltig anpassen konnte, wie es zu Beginn des Jahres 1934 geschah. Mutig war er, als er erkannte, dass sein Verhalten 1933 ein Irrweg war. Er ging danach entschlossen einen anderen, die Nationalsozialisten zunehmend bekämpfenden Weg im Verein mit dem Bischofskollegium. Allerdings fand er nicht die Kraft, sich eigenmächtig gegen das Staatsratsamt – und damit gegen Vorstellungen des Gesamtepiskopates – zu entscheiden. Grund ist nicht Schwäche, sondern Verankerung in der Kirche, deren Gefährdung und die von Menschen in der historischen Situation. Seine Bildung und seine Erfahrung als Verhandlungsführer ließen ihn in seinem Kampf gegen die Nationalsozialisten immer vom Grundsatz des Christentums her argumentieren, ohne in verzettelnde Einzelheiten zu verfallen.

Bernings Amtszeit als Bischof war auch gekennzeichnet von dem Impuls einer Intensivierung des religiösen Lebens der Gläubigen im Bistum. Dies geschah nicht erst als Reaktion auf die kirchenfeindliche Politik der Nationalsozialisten, sondern fand schon Eingang in die Pastoral der zwanziger Jahre. Zu nennen etwa sind die Frühkommunion, die Öffnung der Seelsorge für Laien, insbesondere auch Frauen. Dazu gehören weiter die Exerzitienbewegung, das Ewige Gebet und die Katholische Aktion. Dies entsprach seinem eigenen religiösen Erleben. Er war ein moderner Bischof, der die Zeichen der Zeit erkannte. Ein ausgeprägter Klerikalismus war ihm fremd. Berning förderte das Wallfahrtswesen und weihte – selbst Marienverehrer – das Bistum 1940 der Mutter Gottes. Impulse gab er dem monastischen Leben in seinem Bistum durch die Gründung neuer Orden oder die Ansiedlung traditioneller Orden auf dem Gebiet der Diözese. Es war keine frömmelnde Zufriedenheit, die ihn leitete. Die Vertriebenenintegration war ihm Anlass, die christliche Botschaft in seinem Zentrum zu akzentuieren: die Nächstenliebe als das entscheidend jesuanische Gebot, ohne das es bei aller gewissenhafter Erfüllung sonstiger kirchlicher Gebote kein Christsein gibt. Es ist eine Einstellung, die in der Gegenwart wieder aktuell ist. Dieser Intensivierung des religiösen Lebens entsprach eine Begleitung der Jugend in der Bildungsarbeit. Deshalb förderte er insbesondere auch die Gymnasien wie beispielsweise das Carolinum in Osnabrück als öffentliche Schule oder auch das Privatschulwesen der katholischen Kirche. Glaube und Vernunft ergänzten nach seinem Verständnis einander und schlossen sich nicht aus.

Diesem Grundsatz entsprach auch seine Weltläufigkeit und Offenheit. Aus beruflichen Gründen unternahm Berning viele Reisen. Als Betreuer der Auslandsdeutschen besuchte er Gemeinden auf dem Balkan. Er nahm teil an Eucharistischen Kongressen in Übersee. Bei diesen Reisen zeigten sich auch Bernings menschliche Eigenschaften. Als er mit dem Regierungspräsidenten Adolf Sonnenschein von New York nach Seattle mit der Eisenbahn durch Amerika zum Eucharistischen Kongress nach Sydney fuhr, litt er arg unter der Prohibition –

dem Alkoholverbot in den USA. In Seattle, im Westen der USA angekommen, stellte er erleichtert fest, dass die „elende Prohibition“ nunmehr beendet sei. Nicht nur die Reisen, sondern sein eigener Werdegang öffnete ihn schon früh für Andersdenkende. Insbesondere sein Umgang mit Jugendlichen hat dazu beigetragen. In Lingen erlebte er als Schüler evangelische Mitschüler. Als Bischof hatte er daher auch keine Berührungsängste mit evangelischen Christen. Somit war auch seine Zusammenarbeit mit Landesbischof Theophil Wurm 1941 nicht ungewöhnlich. Sein Engagement für die Bekenntnisschule stand in diesem Sinne nicht gegen seine Offenheit für evangelische Mitchristen. Er war davon überzeugt, dass eine feste geistige Verankerung diese Offenheit erst ermöglichte. Auch politisch ist diese Öffnung bei Berning feststellbar. Wie sonst hätte er sich als Bischof der damaligen Zeit positiv über die SPD in der Weimarer Zeit äußern können. Sein Einsatz für eine Freilassung von Julius Leber muss eben so gewertet werden. Obwohl er etwa in seinem Kirchenverständnis auch Kind seiner Zeit war, lebte Berning einen offenen menschlichen Katholizismus vor, der sich nicht ängstlich in sich verkroch, sondern sich den jeweiligen Gegebenheiten der Zeit offensiv stellte. Es waren mithin Klugheit, Toleranz, Offenheit, Weltläufigkeit und Frömmigkeit, die seine Amtsführung kennzeichneten. Liebe zur Jugend und Engagement für die Armen und Zukurzgekommenen waren ihm Beispiele für christliche Nächstenliebe.

Quellen und Literatur

BERNING, Wilhelm: Die Einsetzung der heiligen Eucharistie in ihrer ursprünglichen Form nach den Berichten des neuen Testamentes kritisch untersucht. Ein Beitrag zur Erforschung der Evangelien und des Urchristentums, Münster 1901.

BERNING, Wilhelm: Katholische Kirche und deutsches Volkstum. In: Das Neue Reich, hrsg. v. der Deutschen Akademie, München 1934.

BERNING, Wilhelm (Hrsg.): Katholische Glaubenslehre, Osnabrück 1941.

BERNING, Wilhelm: Erinnerungen aus meinem Leben. In: Kirchenbote des Bistums Osnabrück 14–21 (1977).

FRANKE, Konrad A.: SPD in Niedersachsen. Demokratie der ersten Stunde, hrsg. von der Niedersächsischen Landeszentrale für Politische Bildung, 1972.

FRATZSCHER, Arnold: CDU in Niedersachsen. Demokratie der ersten Stunde, hrsg. von der Niedersächsischen Landeszentrale für Politische Bildung, 1971.

GOEBBELS, Joseph: Tagebücher 1924–1945, hrsg. von Ralf Georg Reuth, 5 Bde., München [2]1992.

HAMMER, Karl: Deutsche Kriegstheologie 1870–1918. Dokumente, Frankfurt 1974.

HINKEL, Sascha: Adolf Kardinal Bertram: Kirchenpolitik im Kaiserreich und in der Weimarer Republik, Schöningh, Paderborn; München; Wien; Zürich 2010.

HIRSCHFELD, Michael: Katholisches Milieu und Vertriebene. Eine Fallstudie am Beispiel des Oldenburger Landes (=Forschungen und Quellen zur Kirchen- und Kulturgeschichte Ostdeutschlands), Köln 2002.

HIRSCHFELD, Michael: Die Bischofswahlen im Deutschen Reich 1887 bis 1914. Ein Konfliktfeld zwischen Staat und katholischen Kirche vom Ende des Kulturkampfes bis zum Ersten Weltkrieg, Münster 2012.

KOSTHORST, Erich/WALTER, Bernd: Konzentrations- und Strafgefangenenlager im Emsland 1933–1945, Düsseldorf 1985.

KUROPKA, Joachim: Lehrerbildung in der Nachkriegszeit. Pädagogische Akademie und Pädagogische Hochschule Vechta1945-1969. In: Hanschmidt, Alwin / Kuropka, Joachim (Hrsg.): Von der Normalschule zur Universität. 150 Jahre Lehrerbildung in Vechta 1830-1980, Regensburg 1980, S. 259-306.

KUROPKA, Joachim (Hrsg.): Streitfall Galen. Studien und Dokumente, Münster 2007.

KUROPKA, Joachim: Kirche, Katholiken, Staat und Gesellschaft im 20. Jahrhundert. In: Steinwascher, Gerd (Hrsg.): Geschichte Niedersachsens, Bd. 5, S. 1111–1163, Hannover 2010.

LAPIDE, Pinchas E.: Rom und die Juden, Ulm ²1977.

MARTEN, Heinz Georg: FDP in Niedersachsen. Demokratie der ersten Stunde, hrsg. von der Niedersächsischen Landeszentrale für Politische Bildung, 1972.

NICOLAISEN, Carsten (Bearb.): Dokumente zur Kirchenpolitik des Dritten Reiches, 3 Bde., Bd. I: 1933; Bd. II: 1934/35; Bd. III: 1935–1937, München 1971/1975/1994.

PARISIUS, Bernhard: Viele suchten sich ihre neue Heimat selbst. Flüchtlinge und Vertriebene im westlichen Niedersachsen (= Abhandlungen und Vorträge zur Geschichte Ostfrieslands, 79), Aurich 2004.

RECKER, Klemens-August: „... meinem Volke und meinem Herrgott dienen ...“. Das Gymnasium Carolinum zwischen partieller Kontinuität und Resistenz in der NS-Zeit. Ein Beitrag zur Bildungsgeschichte der Stadt und des Bistums Osnabrück zwischen 1848 und 1945, Osnabrück 1989.

RECKER, Klemens-August: Das Verhältnis der Bischöfe Berning und von Galen zum Nationalsozialismus vor dem Hintergrund kirchenamtlicher Traditionen des 19. Jahrhunderts. In: Kuropka, Joachim (Hrsg.): Clemens-August Graf von Galen. Neue Forschungen zum Leben und Wirken des Bischofs von Münster, ²1993, S. 327-370.

RECKER, Klemens-August: Bischof Berning am Ende der Weimarer Republik. In: Emsländische Geschichte 5(1996), S. 19–43.

RECKER, Klemens-August: „Wem wollt ihr glauben?“ Bischof Berning im Dritten Reich, Paderborn ²1998.

RECKER, Klemens-August: „Unter Preußenadler und Hakenkreuz“. Katholisches Milieu zwischen Selbstbehauptung und Auflösung. Ein Beispiel aus Westfalen: Nordwalde 1850–1950, Münster 2013.

SEEGRÜN, Wolfgang: Wilhelm Berning (1877–1955). Ein Lebensbild. In: Osnabrücker Mitteilungen 79 (1972), S. 79–92.

SEEGRÜN, Wolfgang: Bischof Berning von Osnabrück und die katholischen Laienverbände in den Verhandlungen um Artikel 31 des Reichskonkordats 1933–1936. In: Osnabrücker Mitteilungen 80 (1973), S. 150–182.

SEEGRÜN, Wolfgang: Wilhelm Berning. In: Erwin Gatz (Hrsg.): Die Bischöfe der deutschsprachigen Länder 1785/1803–1945, Berlin 1983, Sp. 40–43.

SEEGRÜN, Wolfgang: Die katholische Kirche unter dem Totalitarismus im Lichte von Priesterschicksalen aus dem Bistum Osnabrück und dem jetzigen Bistum Hamburg. Unveröffentlichtes Manuskript, Osnabrück 1995.

STASIEWSKI, Bernhard (Bearb.): Akten deutscher Bischöfe über die Lage der Kirche 1933–1945, 3 Bde., Bd. I: 1933–1934; Bd. II: 1934–1935; Bd. III: 1935–1936 (VdKfZG, A, 5, 20, 25), Mainz 1968/1976/1979.

STASIEWSI, Bernhard (Hrsg.): Adolf Kardinal Bertram. Sein Leben und Wirken auf dem Hintergrund der Geschichte seiner Zeit. Teil 1: Beiträge (Forschungen und Quellen zur Kirchen- und Kulturgeschichte Ostdeutschlands, Bd. 24), Köln 1992,

VOLK, Ludwig (Bearb.): Akten deutscher Bischöfe über die Lage der Kirche 1933–1945, 3 Bde., Bd. IV: 1936–1939; Bd. V: 1940–1942; Bd. VI: 1943–1945 (VdKfZG, A, 30, 34, 38), Mainz 1981/1983/1985.

VOSWINCKEL, Peter: Geführte Wege. Die Lübecker Märtyrer in Wort und Bild, Kevelaer [2]2010.

ZUMHOLZ, Maria A.: Volksfrömmigkeit und Katholisches Milieu. Marienerscheinungen in Heede 1937–1940 im Spannungsfeld von Volksfrömmigkeit, nationalsozialistischem Regime und kirchlicher Hierarchie (=Schriften des Instituts für Geschichte und Historische Landesforschung – Vechta, Bd. 12), Cloppenburg 2004.

Kurzbiographien

BARES, Nikolaus (1871–1935), Bischof von Hildesheim 1929–1934, Bischof von Berlin 1934–1935.

BERTRAM, Adolf (1859–1945), Bischof von Hildesheim 1906–1945, Fürstbischof von Breslau (seit 1930 Erzbistum) 1914–1945, Kardinalserhebung 1919, Vorsitzender der Fuldaer Bischofskonferenz 1919–1945.

FAULHABER, Michael von (1869–1952), Bischof von Speyer 1910–1917, Erzbischof von München und Freising 1917–1952, Kardinalserhebung 1921.

GALEN GRAF VON, Clemens August (1878-1946), Bischof von Münster 1933–1946, Kardinalserhebung 1946, Seligsprechung 2006.

GRÖBER, Conrad (1872–1948), Bischof von Meißen 1931-1932, Erzbischof von Freiburg 1932-1948.

HAUCK, Jacobus von (1861–1943), Erzbischof von Bamberg 1912–1943.

HILFRICH, Antonius (1863–1947), Bischof von Limburg 1930–1947.

JAEGER, Lorenz (1892–1975), Erzbischof von Paderborn 1941–1973.

KELLER, Michael (1896–1961), Bischof von Münster 1946-1961.

MACHENS, Joseph Godehard (1886–1956), Bischof von Hildesheim 1934–1956.

ORSENIGO, Cesare (1873–1946), Bischofsweihe 1922, Apostolischer Nuntius in den Niederlanden 1922–1930, Apostolischer Nuntius in Deutschland 1930–1945.

PACELLI, Eugenio (1876–1958), Apostolischer Nuntius in München 1917–1925, Apostolischer Nuntius in Berlin 1925–1929, Kardinalstaatssekretär 1930–1939, Papst als Pius XII. 1939–1958.

PREYSING-LICHTENECK-MOOS GRAF VON, Konrad (1880–1950) Bischof von Eichstätt 1932–1935, Bischof von Berlin 1935–1950, Kardinalserhebung 1946.

SCHULTE, Karl Joseph (1871–1941), Bischof von Paderborn 1910–1920, Erzbischof von Köln 1920–41, Kardinalserhebung 1921.

WIENKEN, Heinrich (1883–1961) Koadjutor Bischof in Meißen 1937–1951, Leiter des Kommissariates der Fuldaer Bischofskonferenz 1937–1945/1951, Bischof von Meißen 1951–1957.

WURM, Theophil (1868–1953), Bischof der evangelischen Landeskirche in Württemberg 1929–1948.

Bildnachweise

Bistumsarchiv Osnabrück: Abbildungen 1–4, 6, 7, 9, 11, 14–18, 20–25, 28 (Brief), 29–30; Bistumsarchiv Berlin: Abbildung 19; Diözesanarchiv Berlin (BN 340,06): Abbildung 23; alle anderen: Wikipedia.org